THE HISTORY 세계사 인물 7

테레사

THE HISTORY 세계사 인물 7

테레사

펴낸날 2025년 1월 20일 1판 1쇄

펴낸이 강진균

글 표시정

그림 정병수

편집 · 디자인 편집부

마케팅 영업부

제작 강현배

펴낸곳 삼성당

주소 서울시 강남구 선릉로 747 삼성당빌딩 9층

대표 전화 (02)3443-2681 **팩스** (02)3443-2683

출판등록 1968년 10월 1일 제2-187호

ISBN 978-89-14-02186-1 (73990)

THE HISTORY 세계사 인물 7

테레사

차례

수녀를 꿈꾸는 소녀

"아그네스, 어서 이리 오렴. 기도를 드리자꾸나."

"네, 엄마."

아그네스는 테레사 수녀의 세례명이다. 그녀의 어머니는 독실한 가톨릭 신자로 매일 밤 가족이 모여서 기도드리는 것을 중요하게 생각했다.

하루를 마무리하는 저녁때 온 가족이 모두 모여 감사와 반성의 기도를 드리는 광경은 따스하면서도 평화로웠다.

테레사 수녀는 1910년 8월 26일, 유럽의 남동부에 있는 마케도니아(구 유고 연방 지역)의 스코페에서 3남매 중 막내로 태어났다. 본명은 아그네스 곤자 보야주이다.

그녀의 부모님은 알바니아계 사람이었는데, 아버지는 수입업자로 작은 가게를 운영하고 있었다.

어느 날 아그네스가 아빠의 가게로 놀러 갔을 때 가게에는 처음 보는 물건들이 수북이 쌓여 있었다.

"아빠, 이게 다 뭐야?"

"외국에서 수입해 온 상품들이란다. 한번 볼래?"

"우아, 신기한 것들이 정말 많다!"

아버지는 막내딸을 특히 아껴 가는 곳마다 늘 '우리 공주님, 우리 공주님' 하며 데리고 다녔다.

하지만 아그네스는 아버지의 이러한 사랑을 충분히 받지 못했다. 아버지가 일찍 세상을 떠난 것이다.

'오, 하느님! 이제 우리는 어떻게 해야 합니까? 하느님, 제게 힘을 주십시오.'

갑작스레 가장이 세상을 떠나자, 아그네스의 어머니는 처음에는 집안 살림을 어떻게 꾸려 가야 할지 막막했다.

하지만 그녀는 곧 힘을 내고는 수예품과 옷을 만들어 내다 파는 조그만 가게를 열었다. 그리고 아버지가 없는 자리를 메워 주기 위해 더욱더 아이들을 사랑하였다.

테레사 수녀는 자전적 고백록에서 어머니에 대해 다음과 같이 적고 있다.

어머니는 바깥일을 마친 아버지가 집으로 돌아오시면 낮 동안에 아무리 힘들고 곤란한 일을 겪었다 해도 항상 미소로 맞이하곤 하셨다. 엄격하면서도 다정하고 신앙심이 깊었던 어머니는 우리에게 하느님에 대한 믿음과 이웃에 대한 사랑을 가르쳐 주셨다. 나는 어머니의 가르침을 결코 잊을 수 없을 것이다.

아그네스는 이렇게 어머니의 보살핌 속에, 평범하지만 신앙심이 깊은 소녀로 자랐다.

당시 비가톨릭계 학교인 국립 초등학교에 다녔던 아그네스는 수업이 끝나자마자 학교에서 모습을 감추곤 했다.

"아그네스, 너 요즘 뭐가 그리 바쁘니?"

친구들은 그런 아그네스를 의아한 시선으로 바라보았다.

"얼굴 보기 너무 힘들다, 애."

"미안해! 나, 지금 가 봐야 해."

"도대체 어디 가는데 그래?"

"응, 나 요즘 신우회에서 활동하고 있어."

신우회는 예수회 사제가 이끄는 청소년 선교 단체였다.

신우회 회원들은 외국에 나가 선교하는 일에 관심이 많았다. 이미 많은 선교사*들이 외국으로 나가 사회사업 활동을 통하여 하느님의 말씀을 전하고 있었다.

아그네스는 이 단체에 가입해 활동하면서 선교사라는 직업에 관심을 갖게 되었다.

아그네스가 열두 살이 된 어느 날이었다.

성모 마리아상 앞에서 기도를 마친 아그네스는 처음으로 수녀가 되어야겠다고 생각을 했다.

수녀가 된다는 것은 결혼해서 가정을 꾸려 평범하게 살

선교사

그리스도교가 전해지지 않은 나라에 파견되어 그리스도의 복음을 널리 전하는 사람을 말한다. 신부나 목사, 수녀, 수사 등 직접 선교 활동에 종사하는 사람뿐만 아니라 넓게는 교육과 의료 사업 등에 종사하는 자도 포함된다.

드럼을 치는 방법을 가르치는 선교사

아가는 개인적인 행복을 포기한 채 오직 하느님께 자신의 삶을 바치는 것을 의미했다. 그러나 아그네스는 그것이 희생이라고 생각하지 않았다.

아그네스는 수녀가 되어 하느님의 말씀과 사랑을 전하는 자신의 모습을 상상해 보았다. 정말 가슴 설레는 일이 아닐 수 없었다. 그녀는 너무 기뻐서 성가를 불렀다.

아그네스는 그 뒤에도 꾸준히 신우회 활동을 하며 자신의 소망에 대해서 곰곰이 생각하곤 했다.

그러던 어느 날, 인도에서 신우회 앞으로 다음과 같은 내용의 편지 한 통이 왔다.

많은 인도인의 생활은 아주 비참하답니다. 그들은 가난과 질병으로 시달리고 있습니다. 우리 선교사들은 그들에게 하느님의 말씀을 전하면서 병든 사람들을 보살피고 있지요.

아그네스는 이 편지로 인도인들의 생활상을 알게 되었다.

'인도는 하느님의 말씀과 사랑이 아주 많이 필요한 곳이구나. 수녀가 되어 그곳으로 가야지. 그래, 인도로……'

아그네스는 이렇게 마음을 먹었다.

세월이 흐름에 따라 아그네스의 신앙심은 점점 깊어만 갔다. 그리고 수녀가 되고 싶다는 꿈도 점점 더 확고해졌다. 이윽고 열여덟 살이 되던 해에 아그네스는 결심을 굳혔다.

어느 날, 어머니는 아그네스를 조용히 불렀다.

"아그네스, 요즘 네 행동이 좀 이상하구나."

"제 행동이요?"

"항상 뭔가를 골똘히 생각하던데, 엄마한테 모두 털어놓아 보렴."

"엄마, 사실은 말이지요."

아그네스는 마음속에 간직해 두었던 소망을 어머니에게 말씀드렸다.

"엄마, 저는 하느님을 평생 섬기며, 그분의 말씀과 사랑을 세상 사람들에게 전하고 싶어요. 그래서 수녀가 되려고 해요."

"아니, 네가 그런 생각을……."

"엄마, 수녀가 되는 걸 허락해 주세요. 저는 수녀가 되어 인도로 가고 싶어요. 인도에는 제가 할 일이 아주 많아요."

"애야, 넌 이제 겨우 열여덟 살이야."

어린 아그네스가 하느님의 말씀과 사랑을 전하는 데 자신의 인생을 바치고 싶다는 결심을 한 것은 대견스럽지만, 가족의 품을 떠나 먼 이국으로 가야 한다는 점이 어머니의 마음에 걸렸다.

가족들과 헤어진다는 것은 아그네스에게도 견디기 힘든 슬픔이었다. 하지만 그녀는 이미 그 모든 고통을 참고 견디기로 결심한 뒤였다.

"정말로 수녀가 되기를 원하니?"

"네, 진심이에요."

아그네스는 어머니의 두 손을 꼭 쥐었다.

"허락해 주세요. 네?"

어머니는 반짝이는 아그네스의 두 눈을 들여다보았다. 아그네스의 두 눈은 확고한 신념으로 가득 차 있었다.

"아그네스, 네가 그토록 원한다면 그렇게 하렴. 이렇게 빨리 내 품을 떠날 줄 미처 몰랐구나."

"엄마, 실망하게 해 드리지 않을게요."

"그래, 난 너를 믿는다. 아그네스! 네게 어떤 일을 주든 항상 즐거운 마음으로 해야 해. 만일 그렇게 하지 못할 것 같으면 아예 그 일을 맡지도 말아라.”

어머니는 따끔한 충고를 잊지 않았다.

“네, 명심할게요. 엄마.”

아그네스는 힘주어 말했다. 하지만 어머니는 어린아이를 물가에 내놓은 것처럼 걱정이 되었다. 그래서 딸아이를 위해 이렇게 기도했다.

‘하느님, 이 아이가 가는 곳이 그 어디든 당신의 향기가 언제나 함께하도록 도와주시고, 항상 보살펴 주소서.’

어머니의 허락을 받은 아그네스는 수녀가 되어 인도로 갈 수 있는 방법을 찾기 시작했다. 그 방법은 아그네스가 생각했던 것보다 아주 가까운 곳에 있었다.

유고슬라비아에서 활동하고 있던 제수이트 선교사들이 아그네스의 소망을 듣고는 로레토 수녀회와 연결해 준 것이다.

“우리 로레토 수녀회는, 인도를 중심으로 여러 나라에서 봉사 활동을 하고 있어요.”

“저도 로레토 수녀회에 들어가 활동하고 싶습니다. 오래

전부터 인도에 가서 봉사 활동을 하고 싶었거든요."

"그래요? 정말 훌륭한 생각을 하셨군요."

1928년 10월 아그네스는 고향을 떠나 아일랜드의 더블린으로 가서 로레토 수녀회에 입단하였다. 그리고 더블린의 라트파함에 있는 로레토 수녀원에서 청원 수녀기를 보냈다.

아그네스는 그곳에서 영어도 배웠다. 인도에서 활동을 위해 세계 공용어인 영어를 배울 필요성이 있었다.

청원 수녀기를 마친 아그네스는 수련 수녀가 되기 위하여 꿈에 그리던 인도로 향했다. 1929년 1월 6일, 아그네스는 인도의 콜카타에 도착하였다.

'아! 드디어 인도에 왔구나.'

열두 살 때부터 가슴에 품었던 선교 활동을 위해 낯선 땅 인도에 도착한 아그네스는 여행의 피로도 잊은 채 가슴이 벅차오름을 억누를 수 없었다.

세계에서 가장 일찍 문명이 탄생한 나라 가운데 하나인 인도에는 힌두교, 이슬람교, 그리스도교, 시크교, 자이나교 외에도 많은 종교가 있었다. 가톨릭교는 전래된 지 얼마 되지 않아 신자들이 그리 많지 않았다.

한편 그 당시 인도는 1858년 8월부터 시작된 영국의 식민지 지배 상태가 계속되고 있었는데, 마하트마 간디를 중심으로 외국의 지배에서 벗어나 독립을 쟁취하려는 움직임이 거세게 일고 있었다.

아그네스는 히말라야산맥에 위치한 다르질링의 로레토 수녀원을 찾아갔다. 그곳에서 그녀는 수녀가 되기 위한 과정을 한 단계씩 밟아 나갔다.

하지만 아그네스에게는 보이지 않는 수많은 어려움이 기다리고 있었다. 그녀는 어려운 일이 있을 때마다 수녀원 마당을 거닐며 마음을 정리하곤 했다.

"저……, 실례지만 아그네스라는 분이시지요?"

한 수녀 지망생이 아그네스에게 말을 걸어 왔다.

"그런데요. 실례지만 누구시죠?"

"저도 수녀 지망생이에요."

"아, 네. 만나서 반가워요."

이렇게 말하며 아그네스는 얼굴을 붉혔다. 수녀원에 들어온 뒤 그녀는 이전보다 조용해졌고, 말이 없었다.

"혹시 수도명을 어떤 이름으로 정할지 생각해 봤나요?"

새로 사귄 친구가 물었다.

"물론이지요. 저는 오래전부터 성녀 테레사를 존경했어요. 그래서 테레사로 하려고요."

아그네스가 존경했던 성녀 테레사는 프랑스 사람이었다. 그녀는 독실한 신자로, 1888년 열다섯 살이라는 아주 어린 나이에 가르멜 수도원에 들어갔다. 그녀는 선교 활동을 하고 싶어 했지만, 몸이 약해 쉽지 않았다. 그래서 죽는 날까지 선교사들을 위해 기도를 한 분이었다.

아그네스는 말했다.

"성녀 테레사가 한 말씀 중에 잊히지 않는 것이 있어요."

"어떤 말씀인데요?"

"영적인 길로 들어서기 위해서는 자기를 포기해야 한다는 말씀이에요."

아그네스는 성녀 테레사의 말씀대로 수녀로서의 삶을 살기 위해 자신이 가진 많은 것을 포기했다.

그중에서 가장 버리기 힘든 것은 가족의 따뜻한 품이었다.

'엄마, 그리고 오빠, 제가 이곳에서 용기를 잃지 않도록

기도해 주세요.'

이렇게 아그네스가 가족의 사랑과 개인적인 삶을 포기하고 먼 인도에까지 온 것은 하느님의 말씀과 사랑을 전하는 길이 자신의 길이라고 생각했기 때문이었다.

어느 날 원장 수녀가 그녀를 불렀다.

"아그네스, 잠깐 얘기 좀 나눌까요?"

"네, 원장 수녀님."

"아그네스, 아이들을 좋아하지요?"

아그네스는 대답 대신 고개를 끄덕였다.

"그럴 줄 알았어요."

원장 수녀는 흡족한 표정을 지었다.

"내가 부탁 한 가지 하려고 하는데, 들어 줄래요?"

아그네스는 원장 수녀의 얼굴을 물끄러미 쳐다보았다.

"다름이 아니고 교사 자리가 하나 비어 있는데……. 생각 있으면 한번 해 보겠어요?"

그것은 너무나 뜻밖의 제안이었다. 아그네스는 선뜻 대답을 하지 못했다.

"내가 보기엔 아그네스가 이 교사 일을 잘해 낼 수 있을 것 같아요."

원장 수녀는 아그네스를 특별히 배려한 것이다. 아그네스는 그런 원장 수녀의 마음을 기꺼이 받아들이기로 했다.

"부족한 점이 많지만 한번 열심히 해 보겠어요."

이렇게 해서 아그네스는 선생님이 되었다.

그녀는 로레토 수녀회에서 운영하는 콜카타의 성 마리아 고등학교에 파견되었다.

아그네스는 학생들과 금방 친해졌다. 학생들은 언니 같기도 하고 엄마 같기도 한 아그네스를 몹시 따랐다.

아그네스 역시 그들을 아끼고 사랑했다. 아그네스는 학생들에게 지리와 가톨릭 교리 과목을 가르치며 하느님의 말씀과 사랑을 전하는 데 최선을 다했다.

테레사 수녀는 그 시절에 대해 자전적 고백록에서 다음과 같이 말했다.

나는 약 20년 동안 학생들을 가르쳤다. 나는 가르치는 일을 사랑했다. 하지만 내가 훌륭한 교사였는지는 잘 모르겠다. 그것은 내가 가르친 학생들이 더 잘 알 것이다.

1931년 5월 24일, 아그네스는 로레토 수녀회의 수녀로서 서원*을 했다. 이때 그녀는 소망대로 존경하던 성녀 테레사의 이름을 따서 테레사를 수도명으로 정했다. 그리고 그

서원

가톨릭 교회에서 그리스도교적인 덕을 쌓기 위해서 자기 스스로가 자유 의사로써 신과 약속하는 것을 말하는데, 여기서는 수도원에 들어가 일정한 수련기를 거친 다음 수도회원이 되겠다고 맹세하는 것을 말한다.

콜카타의 성 파울 대성당

로부터 6년 후인 1937년에는 죽는 날까지 수녀로서 하느님께 자신을 바치겠다는 종신 서원을 하였다. 모든 과정을 거치고 정식 수녀가 된 것이다.

그렇다고 학생들을 가르치는 일을 그만둔 것은 아니었다.

테레사 수녀는 학생들을 가르치는 틈틈이 힌두어와 벵골어를 열심히 공부했다.

"선생님, 힌두어와 벵골어는 왜 공부하세요?"

학생들은 테레사 수녀를 잠시도 가만히 놔두지 않았다.

"배워 두면 도움이 되기 때문이란다."

인도에는 방언까지 합하여 700여 종에 이르는 다양한 언어가 있었는데, 그중에서 가장 많이 쓰이는 언어가 힌두어와 영어, 벵골어였다.

테레사 수녀는 인도에서 주로 영어를 사용했다. 아일랜드에서 배워 둔 영어가 많은 도움이 된 것이다.

하지만 테레사 수녀는 그것으로 만족할 수 없었다.

테레사 수녀는 진정으로 인도를 이해하고 싶었다. 그래서 힌두어와 벵골어를 비롯해 인도의 언어와 풍속을 익히려고 노력했다.

1944년, 테레사 수녀는 성 마리아 학교의 교장이 되었다. 교장이 되자 할 일이 더 많아졌다. 그녀는 더욱 열심히 일했다.

그러던 어느 날, 그만 결핵에 걸리고 말았다. 건강이 좋은 편이 아니었던 테레사 수녀가 자신의 몸은 돌보지 않고 너무 일에만 매달린 결과였다.

"교장 선생님, 그동안 산더미 같은 일 속에만 파묻혀 지내느라 건강을 돌보지 못하신 것 같습니다."

한 수녀가 걱정스러운 표정으로 말했다.

"맞아요, 교장 선생님. 일은 저희에게 맡기고 잠시 피정*을 다녀오시면 어떨까요?"

옆에 있던 수녀도 안타까운 듯 말했다.

"피정이라니요! 할 일이 얼마나 많은데……."

피정

가톨릭 신자들이 자신의 종교 생활에 필요한 새로운 결정이나 쇄신을 위해 일상 생활과 업무에서 벗어나 일정한 기간 동안 묵상이나 자기 성찰, 기도 등 종교 수련을 할 수 있는 곳으로 물러나 지내는 것을 말한다. 피정의 장소로는 성당이나 수도원, 피정의 집 등이 이용된다.

테레사 수녀가 피정하러 갔던 다르질링

"걱정 마시고 다녀오세요."

"교장 선생님, 그렇게 하세요."

이렇게 해서 테레사 수녀는 다르질링에 있는 한 수도원으로 피정을 떠나게 되었다.

1946년 9월 10일, 피정 길에 오른 테레사 수녀가 콜카타역으로 가는 버스를 타러 가다가 빈민촌을 지날 때였다.

어디에선가 걸인들이 나타나 테레사 수녀 일행을 둘러쌌다.

"한 푼만 줍쇼!"

"아이들이 배를 곯고 있어요."

"제발 우리를 불쌍히 여겨 주세요."

잠시 그들의 모습을 살펴본 테레사 수녀는 가져왔던 점심 도시락을 그들에게 나누어 주었다.

"그건 교장 선생님 점심이잖아요!"

"난 괜찮아요."

테레사 수녀는 주변을 둘러보았다.

병들어 누워 있는 노인들, 뼈만 앙상하게 남아 있거나 배가 고파 울고 있는 아이들, 쓰레기 더미를 뒤지는 여인들…….

정말로 비참하기 이를 데 없는 광경이었다.

"교장 선생님, 이러다 기차를 놓치겠어요."

"알겠어요."

하지만 이상하게도 발길이 떨어지지 않았다. 눈에 보이지 않는 그 어떤 힘이 그녀를 놓아주지 않는 듯했다. 테레사 수녀는 애써 발길을 돌렸다.

"교장 선생님, 조심해서 다녀오세요."

다르질링으로 가는 기차 안에 앉은 테레사 수녀는 마음이 편하지 않았다. 고아들을 비롯한 빈민촌의 비참한 광경이 자꾸만 떠올랐다.

'아, 그렇게 비참한 모습으로 지내다니…… 그들이야말로 하느님의 사랑을 가장 필요로 하는 이들이야.'

테레사 수녀는 기차 안에서 기도했다.

'하느님, 제게 좀 더 많은 것을 원하고 계시지요? 소외된 이웃들을 그냥 내버려두길 원치 않으시지요?'

그러자 그녀의 기도에 대한 대답처럼 어디선가 하느님의 음성이 들리는 듯했다.

'수녀원과 학교를 떠나 가난한 사람들 속에 들어가 살면

서 그들을 도와 주거라!'

다르질링에 도착한 테레사 수녀는 피정에 들어가 지난날을 되돌아보았다.

'나는 그동안 학생들에게 하느님의 말씀과 사랑을 가르쳤지. 하지만 우리 학교의 학생들은 대부분이 인도 부유층의 자녀들이야. 이제 수녀원과 학교를 떠나 하느님의 말씀과 사랑이 더 필요한 가난한 이웃들의 곁으로 가야겠어.'

그녀는 많은 생각 끝에 이렇게 결론을 내렸다.

피정에서 돌아온 테레사 수녀는 다음 날 아침 콜카타의 대주교를 찾아갔다.

"대주교님, 테레사 수녀입니다. 들어가도 될까요?"

"들어오세요."

"피정은 잘 다녀왔나요?"

"네. 덕분에 무사히 다녀왔습니다."

"그런데 돌아오자마자 아침 일찍부터 나를 찾아오다니……. 무슨 일이라도 있어요?"

"네. 중요한 일로 의논 좀 드리려고요. 대주교님, 전 로레토 수녀원을 떠나고 싶어요."

어린이들에게 먹을 것을 나누어 주는 사랑의 선교회 수녀들

테레사 수녀는 이렇게 청원했다.

"뭐라고요? 아니, 지금 뭐라고 했어요?"

콜카타 대주교는 테레사 수녀의 말에 깜짝 놀란 듯했다. 수녀원을 떠난다는 것을 수녀를 그만둔다는 의미로 받아들인 것이다.

"테레사 수녀, 무슨 일이에요?"

테레사 수녀는 피정 가는 도중에 경험했던 일을 이야기했다. 그리고 소외된 이웃들과 함께 지내면서 사랑을 실천하며 살고 싶다고 말했다.

그제야 대주교는 안심한 듯 차분히 말했다.

"테레사 수녀, 수녀원 안에서도 얼마든지 봉사할 수 있다고 생각해요."

"대주교님, 저는 그동안 학교에서 하느님의 말씀을 가르쳤습니다. 그 일을 지금도 사랑합니다. 하지만 하느님은 제게 좀 더 많은 것을 바라십니다."

"그래요, 하지만 쉽지가 않을 텐데요."

대주교는 테레사 수녀의 말을 듣고 고개를 끄덕였다.

"어떤 어려움도 이겨 낼 자신이 있어요. 대주교님."

"좋은 일을 하고자 하는데 말릴 수는 없지요."

콜카타 대주교는 테레사 수녀의 뜻을 기꺼이 받아들였다.

"하지만 수녀원을 떠나는 문제는 절대 쉽지 않을 겁니다. 알다시피 수녀가 되면서 서원을 한 수녀회를 떠나 다른 수녀회로 옮기는 일이 금지되어 있으니까요. 그러니 일단 편지를 써서 교황청에 보내 보시오."

바오로 교황님, 인도 로레토 수녀회의 테레사 수녀입니다. 어느 날, 저는 소외된 이웃들을 돌보라는 계시를 받았습니다. 그래서 콜카타 빈민촌을 찾아가 하느님의 사랑을 전하려고 합니다. 저는 그들과 함께 모든 것을 나눌 준비가 되어 있습니다. 부디 로레토 수녀회를 떠나 그들의 곁으로 가서 새로운 선교회를 만들 수 있도록 허락해 주십시오.

테레사 수녀가 교황청에 편지를 보내 로레토 수녀원을 떠나는 문제에 대한 교황청의 허락을 얻는 데는 2년이라는 기간이 걸렸다.

한편, 인도는 1947년 8월 15일에 영국으로부터 독립하였다. 그러나 하나의 인도로 독립한 것이 아니라 이슬람교와 힌두교 사이에 싸움이 일어나 이슬람교도가 많은 파키스탄과 힌두교도가 많은 인도 연방으로 분리되어 각각 독립하였다.

1948년 8월 16일, 테레사 수녀는 인도의 빈민들을 위한 종교 단체를 만들 결심을 하고, 정들었던 로레토 수녀원과 학교를 떠나게 되었다. 수녀원과 학교는 테레사 수녀에게 모든 것을 의미했다. 그곳은 그녀가 집을 떠난 뒤 20년 동안 하느님의 말씀과 사랑을 학생들에게 가르쳤던 곳이었다.

따라서 그곳을 떠난다는 것은 테레사 수녀에게는 수녀가

되기 위하여 가족과 조국을 떠났던 것보다 더 가슴 아픈 일이었다. 그러나 그녀는 더 큰 일을 위해 떠나야 했다.

"테레사 수녀님, 너무 아쉬워요."

"흑흑, 선생님, 저희를 두고 가시다니……."

제자들도 몹시 서운해했다.

"모두 잘 있어요. 안녕!"

수녀가 되기 위하여 열여덟 살 때 인도로 왔던 아그네스는 이제 서른여덟 살이 되어 가난과 질병으로 신음하는 빈민촌에서 또 다른 삶을 시작하기 위해 한 걸음 한 걸음 힘차게 발을 내디뎠다.

발칸반도-세계의 화약고

유고 연방의 성립

발칸반도는 유럽 동남부를 차지한 커다란 반도로서, 가장 남쪽 지중해 해안에 그리스가 있고, 그 북쪽으로 불가리아, 알바니아와 옛 유고 연방에서 갈라진 다섯 개 나라(크로아티아, 슬로베니아, 보스니아-헤르체고비나, 세르비아-몬테네그로, 마케도니아)가 있다.

이 지역은 오랜 역사를 통해 문화, 종교, 민족 등이 복잡하게 얽혀 있을 뿐만 아니라 분쟁과 다툼이 끊이지 않고 벌어졌기 때문에 '세계의 화약고'라고 불리기도 했다. 로마 제국 이후 그리스도교를 믿었던 이곳에 14세기 전후 오스만 튀르크가 침략하면서 들어온 이슬람교를 믿는 사람들이 많아졌다. 그 뒤 500여 년 동안 오스만 튀르크의 통치 속에 오스트리아, 헝가리, 독일 등 주변 나라들과 대립, 갈등을 지속해 왔고 20세기 초에는 러시아, 이탈리아 등과 분쟁이 벌어지기도 했다.

1914년 세르비아의 청년이 오스트리아 황태자를 암살하면서

제1차 세계 대전이 시작되었고, 그 뒤 세르비아를 중심으로 세워진 나라가 유고 연방이다. 유고 연방은 티토 대통령을 중심으로 공산주의 국가를 세웠지만 민족과 문화와 언어가 다른 여러 지역을 강제로 묶어 놓은 체제였을 뿐이었다.

러시아, 오스트리아, 헝가리 등이 서로 차지하려고 하는 1908년의 발칸 반도의 모습을 그린 풍자화

티토 이후의 신유고 연방

1980년 티토가 사망한 뒤 각 민족의 독립 운동이 다시 거세게 일어났고, 동유럽의 민주화 물결까지 밀어닥쳤다. 세르비아의 밀로셰비치 대통령은 세르비아 중심의 체제를 만들려고 했고, 이로 인해 1992년부터 벌어진 보스니아 내전으로 수많은 사람들이 목숨을 잃어야 했다.

　또 세르비아의 자치주인 코소보 지역의 대다수 주민은 알바니아계 사람들이었는데, 그들 중에는 이슬람교도가 많았고, 세르비아계 사람들은 그리스 정교로, 끊임없이 무력 충돌을 빚었다. 밀로셰비치에 의해 자치권을 빼앗긴 코소보 사람들은 독립 요구가 높아졌고, 세르비아가 이를 강제 진압하면서 '인종 청소'라 불리는 대학살이 벌어졌다. 이렇게 수많은 사상자와 난민이 발생하자 나토가 무력 개입했고 밀로셰비치는 대통령에서 물러나게 되었다.

　1990년대 이후 국제 사회는 크로아티아와 슬로베니아, 보스니아-헤르체고비나, 마케도니아의 완전 독립을 승인했다. 이후 세르비아와 몬테네그로 중심의 신유고연방도 해체의 길을 걸었으며, 2006년 6월 5일 세르비아와 몬테네그로도 각각 분리 독립하였다.

　알바니아계 출신인 테레사 수녀가 1910년 태어난 스코페는 현재 마케도니아의 수도인데, 그 당시에는 현재 터키인 오스만 튀르크의 통치하에 있었다.

빈민가의 학교

테레사 수녀가 로레토 수녀원을 떠나 제일 먼저 찾아간 곳은 갠지스강 연안의 파트나 의료 선교원이었다.

가난한 사람들을 돕기 위해서는 무엇보다 기본적인 진료를 할 줄 알아야 한다고 생각했기 때문에 의료 선교원을 먼저 찾은 것이다.

테레사 수녀가 선교원에 도착했을 때 담당자는 물었다.

"어떻게 오셨나요?"

테레사 수녀는 자신이 찾아온 목적을 자세하게 이야기한

다음, 걱정스러운 말투로 말했다.

"그런데 제가 잘할 수 있을지 모르겠어요."

"왜 그런 말씀을 하세요?"

"저는 어려서 수녀가 된 뒤부터 교사 생활 외에는 해 본 일이 없거든요."

"걱정하지 말아요. 가난한 사람들을 돕겠다는 수녀님의 의지가 중요한 거지요. 수녀님은 잘할 수 있을 거예요. 당장 오늘부터 시작하시죠."

"오늘부터요? 예, 좋아요."

파트나 의료 선교원에서의 첫날, 테레사 수녀는 선교원 안팎을 둘러보며 앞으로의 일을 계획했다. 다음 날부터 그녀는 간호학과 응급 처치법을 조금씩 익혀 나가기 시작했다.

그리고 가난한 사람들과 생활하려면 그들과 똑같이 먹고 입어야 한다는 생각에 아주 조금씩만 식사했다.

"테레사 수녀, 그러다가 영양 실조에 걸리겠어요."

어느 날, 테레사 수녀가 너무 적게 먹는 것을 본 파트나 의료 선교원의 던겔 원장 수녀가 말했다.

"걱정하지 마세요, 원장 수녀님. 전 괜찮아요. 저는 인도의 가난하고 병든 사람들을 도울 단체를 만들 거예요. 우리 단체도 콜카타의 빈민들처럼 쌀과 소금만 먹을 겁니다. 가난한 사람들의 어려움을 피부로 이해하기 위해서지요."

"빈민들을 돕는 것은 좋은 일이지만, 몸이 약하면 일을 할 수 없어요. 만약 테레사 수녀와 함께 일할 수녀들에게 쌀과 소금만 먹이고 일을 하게 한다면 매우 큰 죄를 짓는 것입니다. 그녀들은 곧 병에 걸리고 말 거예요."

원장 수녀의 말을 들은 테레사 수녀는 그제야 알겠다는 듯 고개를 끄덕였다.

"당신과 같이 일할 수녀들에게 충분히 영양가 있는 음식을 제공해야 해요. 그들은 비위생적인 장소에서 병자들 사이를 돌아다니며 많은 일을 해야 하잖아요."

"네, 알겠습니다. 원장 수녀님."

테레사 수녀는 원장 수녀의 조언에 따르기로 했다.

1948년 8월 8일, 기본적인 의료 기술을 익힌 테레사 수녀는 콜카타로 돌아왔다.

콜카타는 상공업이 발달한 도시였으므로 부유한 사람들도 많았지만, 여기저기서 모여든 빈민들의 수가 150여만 명에 이를 정도로 빈민들이 다른 지역보다 많았다.

그들은 거적때기나 낡아빠진 천 또는 종이로 만든 허름한 집에서 살았으며, 그나마도 없는 사람들은 길거리 아무 데서나 쓰러져 잠을 자곤 했다.

테레사 수녀는 수녀복 대신에 값싼 무명 사리*를 입고 빈민촌으로 갔다. 테레사 수녀가 입은 사리에는 파란색의 줄이 세 개가 둘리어 있고 왼쪽 어깨에는 그리스도교를 상징하는 십자가가 매어져 있었다.

이 사리는 뒷날 테레사 수녀가 이끄는 사랑의 선교회의 수녀복이 되었다.

빈민촌으로 들어간 테레사 수녀는 거리와 골목을 둘러보았다. 앙상하고 지저분한 손을 내밀며 구걸하는 사람들, 먹을 것을 찾아 쓰레기 더미를 뒤지고 있는 아이들, 뼈와 가

사리

인도에서 힌두교를 믿는 여성들이 일상복으로 입는 민족의상으로, 재단한 의복이 아니라 허리를 감고 머리를 덮어씌우거나 어깨 너머로 늘어뜨리는 기다란 천. 신분이나 지방에 따라 입는 방법이 다르다.

전통 의상인 사리를 입고 일하는 인도의 여인

죽만 남은 채 쓰러져 있는 노인들…….

예전에 본 거리의 모습이나 풍경과 거의 달라진 게 없었다.

'이제 여기에서 가난하고 버림받은 사람들을 위해 새로운 삶을 시작하는 거야. 자, 힘을 내자!'

테레사 수녀는 다시 한번 마음을 가다듬었다.

새롭게 출발하는 테레사 수녀가 가진 것이라곤 바나나 2개 값에 해당하는 단돈 5루피뿐이었다. 그녀에게는 잠잘 곳도, 친구도, 도와주는 사람도 없었다.

테레사 수녀는 수많은 어려움과 부딪쳤다. 너무 힘이 들때면 아무 부족함이 없었던 로레토 수녀원에서의 생활을 자신도 모르게 그리워했다. 그렇게 마음이 흔들릴 때면 테레사 수녀는 기도를 드렸다.

'오, 주님! 저는 당신의 뜻에 따라 가난하고 질병으로 고생하는 사람들에게 사랑을 베풀고자 이곳에 왔습니다. 제가 그들과 하나가 될 수 있도록 힘을 주시옵소서.'

테레사 수녀가 빈민촌에 와서 처음에 시도한 일은 가난한 아이들을 위해 학교를 세우는 일이었다.

이 아이들의 부모들은 자식을 학교에 보낼 의지도, 경제적 능력도 없었다.

그래서 학교에 있어야 할 시간에 아이들은 거리에서 같은 처지의 또래들과 어울렸다.

'교육을 받지 못한 아이들은 어른이 된 뒤에도 일자리를 얻기 힘들 거야. 그러면 그들의 부모처럼 또다시 가난을 면치 못하게 되겠지.'

이렇게 생각한 테레사 수녀는 이 아이들을 불러 모아 뱅골어를 가르쳤다.

길거리 한구석에 만든 초라한 교실에는 책상도, 의자도, 분필도, 칠판도 없었다. 단지 막대기로 땅바닥에 글자를 쓰고 따라 읽을 뿐이었다. 그러나 아이들은 자신들을 보살펴 주는 테레사 수녀를 잘 따랐다.

"학생 여러분, 되도록 결석이나 지각은 하지 말아요. 하루라도 배우는 일을 게을리해서는 안 돼요. 알았죠?"

"네!"

아이들은 일제히 대답했다.

"그리고 몸을 깨끗이 씻은 학생에게는 상으로 비누 한 장씩을 주겠어요. 몸이 깨끗해야 병에 걸리는 것을 막을 수

있으니까 항상 깨끗이 씻도록 해요."

테레사 수녀는 사랑이 가득 담긴 미소를 지으며 말했다.

수업이 끝나면 테레사 수녀는 아이들의 집을 방문하여 그들의 가족을 보살펴 주거나 필요한 약을 구해 주었다.

이렇게 빈민들을 돕는 테레사 수녀의 활동은 차츰 사람들의 입에서 입으로 퍼져 나가기 시작했다.

그러던 어느 날.

"똑똑똑!"

1949년 3월 19일, 미카엘이라는 가톨릭 교인의 집에 머물고 있던 테레사 수녀의 방문을 누군가가 두드렸다.

문을 연 테레사 수녀는 깜짝 놀랐다.

거기에는 값비싼 사리를 입은 성 마리아 고등학교 때의 제자가 서 있는 것이 아닌가!

"테레사 수녀님, 그동안 안녕하셨어요?"

"어머, 잘 지냈나요? 여긴 어떻게 왔지요?"

"저는 평소 수녀님이 하시는 봉사 활동에 공감하고 있었어요. 그러다가 오늘 수녀님과 함께 일하기로 결심하고 이렇게 찾아왔습니다."

제자의 말을 들은 테레사 수녀는 기쁨과 놀라움으로 가슴이 설레었다.

그 학생은 상류 계급에 속하는 부유한 집안의 딸이었다. 인도의 카스트 제도에 비추어 보면 이런 신분의 사람이 빈민들을 돕겠다고 나서는 것은 무척 드문 일이었다.

이런 사회에서는 상류 계급의 사람이라면 하류 계급을 업신여기는 것을 당연하게 여기는데, 빈민들을 보살피겠다니 그것은 기적이라고 말해도 지나치지 않을 정도였다.

테레사 수녀는 놀란 가슴을 진정시키며 이렇게 말했다.

"가난한 사람들을 돕는다는 것은 쉬운 일이 아니에요. 가난한 사람처럼 살며 그들을 위해 자신을 버려야 합니다. 각오가 되어 있나요?"

"네, 수녀님. 저는 이미 제 모든 것을 바칠 각오가 되어 있습니다."

짧지만 확신에 찬 대답이었다.

테레사 수녀는 이 첫 번째 지원자에게 자신의 세례명을 따라 아그네스 수녀라는 이름을 지어 주었다. 그녀는 번쩍거리는 값비싼 사리를 벗고 흰색의 무명 사리를 입었다. 그리고 테레사 수녀를 따라다니며 성심성의껏 일하기 시작했다.

그 뒤부터 지원자가 줄을 잇더니 어느새 열두 명이 되었다. 지원자들의 대부분은 어린 소녀들이었는데 그중에는 테레사 수녀가 성 마리아 고등학교에서 가르쳤던 제자들도 여러 명 있었다.

그리하여 1950년, 테레사 수녀는 이 열두 명의 지원자와 함께 사랑의 선교회를 설립하였다.

"우리는 가톨릭 신자이든 아니든 모든 사람들에게 사랑을 베풀어야 합니다. 우리가 하는 일은 단지 넓은 바다의 물 한 방울에 지나지 않을 수 있습니다. 그러나 그 작은 사랑마저 베풀지 않는다면 바닷물은 줄어들 것입니다. 우리는 오늘 적은 인원으로 출발합니다. 그러나 먼 훗날엔 더 많은 사람들이 우리와 함께 사랑을 베풀게 되리라 믿습니다."

테레사 수녀는 사랑의 선교회를 설립하면서 수녀와 수녀 지망생들에게 이렇게 말했다.

사랑의 선교회는 매일 아침 거리로 나가기 전에 항상 묵상과 기도를 했다.

"주여, 오늘도 또 내일도 굶주리며 고통받는 이웃 속에서 바로 당신을 뵙고 바로 당신께 봉사하게 해 주소서. 우리에게 사랑이 가득한 아름다운 마음을 주시옵소서."

"우리가 이웃의 모든 삶에 들어가 그들과 함께하도록 도와주소서. 아멘."

"자, 음식을 나누어 주러 나갑시다. 질병과 가난으로 고통받고 신음하는 이웃이 바로 예수님입니다. 여러분이 가난한 사람들의 고통을 가슴으로 함께 나누길 바랍니다."

"네, 명심하겠습니다."

수녀들과 수녀 지망생들은 진지한 눈빛으로 테레사 수녀를 바라보며 대답했다.

그리고 음식을 들고 거리로 나갔다. 콜카타 뒷골목이나 빈민가의 풍경은 너무나 삭막하고 비참했다. 고약한 냄새가 코를 찔렀을 뿐만 아니라 더럽고 비위생적이기 그지없었다.

"수녀님, 저기 종이 상자로 만든 것들은 뭐예요?"

한 수녀 지망생이 종이 상자들을 쌓아 놓은 곳을 손가락으로 가리키며 물었다.

"이분들이 사는 집이에요."

빈민가에 사는 사람들 대부분이 종이 상자나 낡은 천으로 만든 움막 안에서 살았다. 움막에서 사는 사람들은 그나마 나은 편이었다. 대부분의 사람은 개나 소, 쓰레기와 함께 길바닥에서 지내고 있었다.

테레사 수녀와 일행은 골목을 돌아다니며 소리쳤다.

"음식을 갖고 왔어요."

"허기지고 앓는 분들은 나와서 드세요."

그러자 쓰레기 더미 같은 움집에서 뼈만 앙상하게 남은 사람들이 쏟아져 나오기 시작했다.

"자, 줄을 서세요. 빵은 이쪽에, 수프는 저쪽에 있습니다."

그들은 오랫동안 굶주렸거나 영양 부족 상태였으면서도

차례를 기다려 음식을 먹었다.

1950년 7월 7일, 로마 교황청은 사랑의 선교회를 정식 수녀회로 승인하였다.

사랑의 선교회의 봉사자들은 빈민 학교에서 아이들을 가르치고, 진료소를 찾아가 봉사하거나 빈민가를 방문하여 아픈 사람들을 치료하고 거리에서 죽어 가는 사람들을 보살피는 등 여러 가지 일을 계속했다.

1953년, 사랑의 선교회는 이슬람교도로부터 제공받은 '마더 하우스'로 이사했다. 열두 명의 지원자로 시작한 선교회의 수녀는 이제 스물여덟 명으로 늘었고, 수녀가 되고자 하는 지망생의 수도 늘었다.

사랑의 선교회의 활동이 차차 알려지자 여러 곳에서 도움의 손길을 뻗쳐 왔다.

자선 단체에서는 음식과 생활용품을 보내왔고, 일반 시민들의 작은 정성도 줄을 이었다.

이 밖에도 서부 벵골 장관, 인도 수상, 콜카타의 대주교와 신부들, 전국의 가톨릭 교인이나 비가톨릭 교인 그리고 먼 외국에서도 도움의 손길이 이어졌다.

이러한 도움에 힘입어 사랑의 선교회는 더 많은 빈민에게 사랑과 봉사의 손길을 펼칠 수 있었다.

"테레사 수녀님, 더위 속에서 일하시는 수녀들과 수녀 지망생들을 위해 선풍기를 마련하시는 게 어떨까요?"

어느 날, 한 독지가가 이런 제안을 했다. 더운 날씨에 고생하는 봉사자들의 모습이 안쓰러워 보였다.

"선생님의 마음은 이해가 됩니다. 하지만 가난한 사람들의 집에는 선풍기가 없습니다. 우리가 그들처럼 살지 않으면서 어떻게 진정으로 그들의 고통을 이해할 수 있겠습니까?"

테레사 수녀의 확신에 찬 말에 그 사람은 더 이상 아무 말도 하지 못했다.

테레사 수녀는 항상 가난으로부터 멀어지는 것에 대해 두려워했다.

"이상하게 들릴지 모르지만, 가진 것이 많을수록 줄 수 있는 것이 적어집니다. 오히려 가난한 사람이 더 많이 주려고 하지요. 가난은 우리에게 자유를 줍니다. 재물에 속박되지 않고 사람 속에서 살게 하지요. 그런 면에서 가난은 선물일 수도 있습니다."

테레사 수녀는 이렇게 말하곤 했다.

해를 거듭할수록 사랑의 선교회의 수녀들과 봉사자들의 수가 늘어갔을 뿐만 아니라 다른 지역에 설치하는 분원들도 하나둘씩 생겨났다.

인도 각지에 설립된 사랑의 선교회 예배실 벽 한가운데에는 십자가와 함께 '나는 목마르다.'라는 말이 적혀 있다.

테레사 수녀는 이 말의 의미에 관해 묻는 봉사자에게 이렇게 말했다.

"이 말은 십자가에 못 박히신 예수님이 외친 말입니다. 우리들은 이 말을 보면서 우리들이 해야 될 일을 다시한번 상기하곤 하지요. 우리는 가난한 사람들의 목마름을 채워 주는 것이 예수님의 목마름을 채워 주는 것이라 믿습니다. 그래서 예수님의 말씀대로 가난한 사람들에게 사랑을 전하는 일을 통해 예수님의 목마름을 채워 드리는 것이지요."

인도 제2의 무역항 콜카타

전통적으로 작은 어촌에 불과했던 콜카타는 17세기 말 이후 영국의 식민지 통치가 시작되면서 수도 구실을 하게 되었고, 이에 따라 근대적인 대도시로 변모했다.

출근하는 사람들로 가득 찬 인도 콜카타의 아침 시장 거리

영국은 콜카타와 함께 뭄바이, 첸나이 등 교통의 요지에 상공업을 발달시키면서 대도시의 성장을 가져왔다. 그리하여 뭄바이는 서구화된 도시로 발달했으며 델리에는 영국인 보호와 식민지 정책을 위해 기존 시가지와 분리된 계획적인 신시가지가 건설되었지만, 콜카타는 인도의 전통과 서구적 문물이 뒤섞인 형태로 발달했다.

　오늘날 뭄바이에 이어 인도 제2의 무역항으로 발전한 콜카타는 영국의 식민지 정책이 본격화되던 시기에 황마를 비롯한 섬유 공업 지대가 형성되었고, 지하자원이 개발됨에 따라 금속 기계를 비롯한 각종 공업이 발달하였다.

　하지만 저소득 빈민층이 밀집해 있는 지대가 많으며 방글라데시 등 이웃 나라 난민들이 유입돼 심각한 문제로 대두되었다.

카스트 제도

　카스트란 말은 색깔 또는 피부색을 뜻하는 포르투갈어 카스타에서 비롯된 것으로 알려져 있다.

　기원전 1300년 무렵 인도에는 아리안족이 침략해 왔다. 그들은 선주민인 문다 드라바다족 등 원주민들을 정복하면서 이들을 노예로 삼고 지배했다.

　아리안족이 브라만이라는 계층을 이루고, 선주민들을 육체노동과 잡역에 종사케 하면서 브라만교가 형성되었다.

제사	브라만	제1계급 승려
정치군사	크샤 트리아	제2계급 귀족 무사
농 목 상업	바이샤	제3계급 일반 서민
피정복민	수드라	제4계급 노예

카스트 제도의 계급 피라미드

이 브라만교가 인도 토착 신앙과 결합하고 불교의 영향을 받으면서 발전한 것이 힌두교이다. 그 뒤 브라만(승려, 사제자), 크샤트리아(무사, 귀족), 바이샤(농민, 상인), 수드라(피정복민, 노예)의 신분 구조가 정착되었다. 이 네 카스트의 아래에는 불가촉천민이라 하여 '접촉해서도 안 되는(하리잔)' 가장 비천한 계층이 있었다.

인도의 전통 사회에서는 누구나 이 카스트에서 벗어날 수 없었고, 각 카스트는 직업이나 신분이 세습되었으며, 카스트 사이의 결혼도 금지되었다.

오늘날에는 사회 발전을 가로막는 장애물로 인식되어 헌법에 사회 평등 원칙을 명시하고, 카스트 제도를 부정하고 있으나, 완전히 사라지지는 않았다.

죽음을 기다리는 집

"먹을 것을 갖고 왔어요. 좀 일어나 보세요."

테레사 수녀와 수녀들은 몸이 불편해 움직이지 못하는 사람들을 찾아다니다가 길가에 쓰러져 있는 한 여자를 발견했다.

그 여자는 몸을 웅크린 채 누워 있었는데 덮고 있는 담요는 땀에 흠뻑 젖어 있었다.

"아니, 피가 이렇게 많이 흘렀어!"

한 수녀가 손으로 파리들을 쫓으며 여자를 일으키려고

했다.

"자, 일어나 보세요."

그러나 여자는 손가락 하나도 움직이질 못했다.

이를 지켜보고 있던 테레사 수녀가 여자를 일으켜 세우기 위해 이불을 걷었다.

"으윽!"

"아니, 이럴 수가……."

그 여자의 몸은 벌써 생쥐에게 뜯어먹힌 상태였다.

수녀들은 한동안 넋을 잃고 그 여자를 바라보았다. 그러나 테레사 수녀는 아무렇지도 않은 듯 그 여자를 번쩍 안았다.

"빨리 들것을 가져와요. 일단 병원으로 갑시다."

하지만 병원에서는 가엾은 여자를 위해 아무 조치도 취하려 하지 않았다. 테레사 수녀는 기가 막혔다.

"아니, 당신들이 정말 의사인가요?"

테레사 수녀는 몹시 화가 나서 소리쳤다.

"당장 이 여자를 치료하세요! 그러기 전에는 이곳에서 한 발자국도 움직일 수 없어요!"

테레사 수녀의 고집 덕분에 그 여자는 치료를 받을 수 있었다. 그러나 콜카타의 거리에서는 병들고 굶주려 죽어 가는 사람들이 수없이 많았다.

'나는 버림받았어. 아무도 나를 좋아하지 않아.'

나이가 들고 병이 들어 거리로 쫓겨난 사람들은 누군가의 보살핌이 필요했지만 아무도 그들에게 시선을 주지 않았다.

마음에 상처를 입은 사람들은 자신들이 쓸모없는 존재라고 생각하며 죽을 날만을 기다릴 뿐이었다.

테레사 수녀는 이것을 항상 안타깝게 여겨 죽어 가는 사람들을 위한 시설을 마련해야겠다고 생각하곤 했다. 죽기 전에라도 인간적인 대접을 받으며 마음 편하게 죽음을 맞이하게 하고 싶었다.

병원으로 옮긴 여자를 치료한 테레사 수녀는 하루라도 빨리 죽어 가는 사람들을 위한 시설을 마련해야겠다고 생각했다.

테레사 수녀는 당장 시청으로 달려갔다.

"시장님을 만나 뵈러 왔는데요."

시청의 직원은 그녀를 시장실로 안내해 주었다.

"저는 사랑의 선교회에서 일하는 테레사 수녀입니다."

콜카타 시장은 테레사 수녀를 반갑게 맞아 주었다.

"어서 오십시오."

테레사 수녀는 자신이 찾아온 이유를 밝혔다.

"시장님, 바쁘실 텐데 용건부터 말하겠습니다. 시장님도 알다시피 콜카타 거리에는 병들어 죽어 가는 사람들이 많습니다. 그들은 인간적인 대접을 전혀 받지 못하고 죽어 갑니다."

"아, 네. 저도 알고는 있습니다만······."

테레사 수녀의 말에 시장은 말끝을 흐렸다.

"시장님께서 장소만 제공해 주신다면 나머지는 제가 다 알아서 하겠어요."

"저희 시가 해야 할 일인데 엄두를 못 내고 있습니다. 그런데 선뜻 그 일을 맡겠다니······. 좋아요. 회의해서 결과를 알려 드리겠습니다."

며칠 후, 시청 보건 관리소 직원이 테레사 수녀를 찾아왔다.

"시장님이 보내셔서 왔습니다. 저와 함께 가실 곳이 있는

데, 지금 가시겠어요?"

시청 보건 관리소 직원이 데려간 곳은 칼리 여신*을 모시는 힌두교 신전이었다.

직원은 그 신전 안에 있는 허름한 건물로 테레사 수녀를 데리고 갔다. 건물 내부는 텅 비어 있었다.

"어때요, 마음에 드십니까? 이곳은 칼리 여신을 경배하러 오는 사람들이 휴식을 하거나 잠을 자는 곳이었습니다."

"네. 이 정도면 진료나 구호 시설이 될 만하군요. 이제야 죽어 가는 이들을 위한 시설을 만들 수 있겠어요. 시장님께 고맙다는 말씀을 좀 전해 주세요."

이렇게 해서 테레사 수녀는 콜카타에 죽음을 기다리는 집을 세우게 되었다.

때는 1952년 8월, 테레사 수녀의 나이 마흔두 살 때였다.

칼리 여신

힌두교의 신 시바의 배우자로서 남편의 성격인 암흑과 음침한 면을 대표하여 무서운 양상을 한 광폭하고 잔인한 신으로서 민간 신앙의 대상이 되었다. 칼리에 대한 숭배는 현대의 인도에서도 여전히 성행하고 있다.

현대의 칼리 여신 상

테레사 수녀는 수녀들과 함께 건물을 청소한 다음 남자
들을 위한 병동과 여자들을 위한 병동을 따로 마련하였다.
병실에는 푸른 비닐이 깔린 침대들을 들여놓았다.
　병동과 병동 사이에는 진료실과 목욕실, 부엌 그리고 죽

은 사람들을 잠시 모셔 두는 안치실 등을 마련했다.

　모든 준비를 마치자 테레사 수녀와 봉사자들은 빈민가와
거리에 방치된 채 보살펴 주는 사람 하나 없이 죽어 가는
병자들을 데리고 왔다.

그들은 대부분 뼈와 가죽만 남고, 오랫동안 씻지 못해 더러운 모습으로 죽음을 기다리는 집으로 실려 왔다.

환자 중에는 피부병으로 심하게 곪은 사람도 있었고, 상처에 구더기가 끓고 있는 사람도 있었다. 그리고 피와 똥오줌으로 범벅이 되어 있는 사람도 있었다.

수녀들과 봉사자들은 우선 이들을 깨끗이 씻어 주고 따뜻한 음식을 먹이고 마음을 편안하고 즐겁게 해 주었다.

"오늘은 좀 어떠세요? 어디 불편한 데는 없으세요?"

"할아버지, 아주 좋아지신 것 같아요. 이제 산책도 좀 하고 그러세요."

수녀들과 봉사자들은 어떤 환자들에게나 항상 친절히 대했다. 그리고 아무리 어렵고 힘든 일이 있어도 얼굴 한번 찌푸리지 않았다.

살아 있는 동안만이라도 그들을 행복하게 해 주고 싶다는 것이 수녀들과 봉사자들의 한결같은 마음이었다.

"수녀님, 정말 고마워요. 이제 죽어도 여한이 없어요."

의료의 혜택 없이 혼자서 앓거나 버림받는 데 익숙해져 있던 사람들은 이렇게 말하며 눈물을 흘렸다.

"흑흑······."

자신들을 쓸모없는 존재가 아닌, 한 인간으로 대해 주는 수녀님들을 보고 처음에는 선뜻 열지 못했던 마음의 문을 조금씩 여는 것이었다.

이렇게 누군가의 관심과 사랑을 받는다는 것을 상상조차 하지 못했던 사람들이 수녀들과 봉사자들의 정성스러운 보살핌에 의해 육신의 고통뿐만 아니라 마음의 상처까지 치료받을 수 있게 된 것이다.

어느 날, 한 여자 환자가 새로 들어왔다.

"테레사 수녀님, 상태가 아주 좋지 않습니다."

영양실조에 걸려 온몸이 주름살로 덮여 있는 여자의 몸은 벌레와 구더기가 파먹고 있었다.

"내가 이 여인을 돌볼 테니 다른 환자들을 돌보세요."

테레사 수녀는 이렇게 말하고 그 여자를 안아 목욕실로 데려갔다. 그리고 정성을 다해 깨끗이 씻기고 상처를 소독한 후에 침대에 눕혔다.

70대로 보였던 그 여자는 알고 보니 50대였다. 테레사 수녀는 따뜻한 음식을 먹이고 열심히 간호했다.

그러나 그 여자는 잠시 후 '감사합니다.'라는 한 마디를 남긴 채 숨을 거두고 말았다. 여자의 얼굴에는 아름답고 평화로운 미소가 흐르고 있었다.

"인간의 얼굴에서 이처럼 아름다운 미소를 본 적이 없어요. 그렇게 힘든 삶을 살고도 생의 마지막에 이런 미소를 머금다니, 정말 위대하군요."

테레사 수녀는 숨을 거둔 그 여인을 쳐다보며 말했다.

"가엾게도……. 이제 이 여자는 어떻게 되는 거죠?"

옆에 있던 신참 봉사자가 물었다.

"아마 화장하게 될 겁니다."

한 수녀가 그 물음에 대답했다.

죽음을 기다리는 집에서는 임종을 맞은 사람의 장례식을 각자가 가진 종교의 의식과 관습에 따라 치러 주었다. 가톨릭 신자는 가톨릭 묘지로, 이슬람교도들은 이슬람교 묘지로, 힌두교도들은 화장터로 운반되는 것이다. 그런데 종교가 없거나 알지 못하는 사람은 보통 화장하게 된다.

인도에는 힌두교, 이슬람교, 그리스도교, 시크교, 자이나교 등 다양한 종교가 있는데 인도인들의 대다수가 힌두교

를 믿고 있어 화장하는 경우가 많다.

　화장을 한 뒤에 남은 재는 강물에 뿌리는데, 힌두교도들
은 죽으면 새로운 육체를 얻어 다시 태어난다고 믿는다.

어느 날, 밖에 나갔던 한 수녀가 숨을 헐떡이며 급히 달려와 말했다.

"테레사 수녀님, 말씀드릴 일이 있습니다."

"무슨 일인가요?"

"우리가 이 건물을 사용하는 것을 힌두교도들이 반대하고 있습니다."

"아니, 이유가 뭐지요?"

"사원을 죽어 가는 사람들의 임종 장소로 사용하는 것은 사원을 더럽히는 행위라는 거예요. 또 힌두교 사원에서 사람들을 가톨릭교도로 만들고 있다고 못마땅해합니다."

"알았어요. 너무 걱정하지 말아요."

얼마 후, 한 정치인이 반대하는 사람들과 함께 죽음을 기다리는 집을 방문하였다.

그는 건물 안을 돌아보며 비참한 환자들의 모습을 보았다.

또 그런 환자들을 세심하게 보살펴 주고 있는 사랑의 손길도 보았다.

그는 눈을 감고 한참을 생각에 잠겼다.

어린아이들에 둘러싸여서 모임을 하는 테레사 수녀

"테레사 수녀와 병자들을 꼭 쫓아내야 하겠소?"

"아, 그럼요! 칼리 여신을 모시는 신성한 사원을 더럽히고 있잖습니까?"

"좋소. 하지만 우선 당신들의 어머니나 누이들을 시켜서 저 수녀들이 하고 있는 일을 대신하게 하시오. 그전까지는 이 건물에서 저들을 쫓아낼 수 없소."

"네? 아니, 어떻게……."

힌두교도들은 말을 잇지 못했다.

"당신들의 어머니나 누이들이 저 수녀들이 하는 일을 과연 할 수 있겠소? 당신들의 사원에는 당신들이 세운 칼리 여신의 동상이 있지만, 나는 이곳에서 살아 있는 여신을 보았소."

이 말에 힌두교도들은 아무 말도 하지 못했다.

그 뒤로 반대의 목소리는 수그러졌다.

그리고 얼마 후, 한 힌두교* 승려가 전염병에 걸렸을 때, 자신들에게 전염될지 두려워 신전 밖으로 몰아낸 그 승려를 수녀들이 데려가 정성껏 간호해 주자 그들은 반대 운동을 하지 않게 되었다.

어느 날 큰 눈을 가진 한 소녀가 울며 말했다.

"흑흑, 내 사리를 줘요. 난 이곳을 나가고 싶어요. 제발 내 사리를 줘요."

얼마 전에 들것에 실려 온 예쁘장한 소녀였는데, 너무 여위어 밖에 나가면 얼마 있지 않아 굶어 죽을 게 틀림없었다.

힌두교

인도 전체 인구의 약 83%가 믿는 인도 최대의 종교로 인도인의 삶 전체를 지배하고 있다. 힌두교는 특정한 교조나 교리가 없으며, 힌두교도들은 인간은 죽어서 각자의 업에 따라 내세에서 다시 새로운 육체를 얻어 태어난다고 믿는다.

집 안의 신상 앞에서 숭배하고 있는 힌두교 가족

"무슨 일이에요?"

이 광경을 본 테레사 수녀가 물었다.

"먹지도 않고 하루 종일 울면서 저희를 쫓아다녀요. 입던 옷을 달라고요."

"이름이 뭐지요?"

"고우디예요."

"고우디, 자 먹고 기운을 차려야지."

"다 나으면 너의 소원대로 내보내 줄게."

"싫어. 난 나갈 거야."

테레사 수녀는 억지로 고우디의 입에 음식을 넣었다. 고우디가 아무리 싫다고 해도 테레사 수녀는 포기하지 않았다.

"난 이대로 죽을 거야."

"고우디, 그렇게 생각하지 마라. 너의 목숨은 소중한 거야. 꼭 살아야 해."

끈질기게 설득하고 달랜 끝에 고우디에게 결국 음식을 먹일 수 있었다.

그녀는 테레사 수녀의 따뜻한 마음에 감동하여 생각을 바꾸었는지 그 이후로는 음식을 잘 먹었다. 그리고 얼굴에

는 밝은 웃음이 떠나지 않았다.

그뿐만 아니라 같은 또래의 소녀 병자가 새로 실려 오자 그 소녀에게 다가가 말을 시키고 음식이 나왔을 때는 직접 먹여 주었다.

고우디의 얼굴에서는 며칠 전까지 떠나야 하니까 옷을 달라며 울던 모습은 온데간데없이 사라졌고, 오직 그 나이 또래의 생기발랄함만이 묻어났다.

테레사 수녀는 인생의 마지막 순간까지 의연하게 맞설 몸과 마음을 갖게 된 고우디의 모습을 보고 흐뭇한 마음으로 빙그레 웃었다.

콜카타의 죽음을 기다리는 집에서 병들고 힘없는 빈민들은 이렇게 새로운 삶의 희망을 얻기도 했으며, 편안하게 죽음을 맞기도 했다.

그들은 그곳에서 인간답게 대접을 받았고, 행복한 미소를 띤 채 숨을 거두었다. 죽음을 기다리는 집은 그들에게 마지막 안식처였다.

죽음을 기다리는 집은 그 뒤로 인도 여러 지역에 설치되었다.

인도의 종교

세계 제1의 인구 대국인 인도에서는 700여 개의 언어가 사용되듯이 종교적으로도 매우 복잡한 모습을 보여 준다.

1763년 영국이 프랑스 군을 격파하면서 시작된 영국의 인도 지배는 1947년 인도가 독립하면서 종식되었다. 하지만 인도는 곧바로 종교 분쟁에 휩싸이면서 혼란에 빠져들게 된다.

먼저 그리스도교가 국교인 방글라데시가 독립하고, 불교 국가인 스리랑카가 독립했으며, 뒤이어 이슬람교도가 대다수인 파키스탄이 분리 독립을 선언했다.

인도의 최대 종교는 힌두교로서, 전체 국민의 83퍼센트가량이 믿고 있다. 힌두교는 고대 아리안족의 원시 종교인 브라만교에서 갈라져 나와 인도의 토착 자연 신앙과 결합한 종교이다.

카스트 제도의 최고 계급인 브라만을 중심으로 한 브라만교는 자연 현상이나 물, 불, 흙, 태양 등 자연물을 숭배했으며, 이것이 구체적으로 나타난 것이 최고의 신인 비슈누와 시바 등이었다. 브라만교의 자연 숭배에 관해 기록한 것이 그들의 경전으로 여

인도의 힌두교 사원

겨지는 '베다(리그베다)'이다. 오늘날 넓은 뜻의 힌두교는 브라만교를 포함한다.

알라를 유일신으로 하는 이슬람교는 10세기경 인도에 들어와 통치하기 시작한 이슬람 왕국에 의해 인도 대륙에 퍼졌으며 오늘날 인도 국민의 11퍼센트가 신봉한다.

이슬람교는 힌두교와 달리 일신교이며 다른 종교에 대한 포용성이 없다.

이런 이유로 교도들 사이에는 심심치 않게 충돌이 빚어지고 있다. 2002년 2월 이슬람교도들이 열차를 타고 가는 힌두교도들을 습격하여 850여 명이 사망하는 최악의 종교 분쟁이 벌어지기도 했다.

　또 인도 북부와 파키스탄 중북부에 걸쳐 있는 편자브 지방에서 16세기경 나나크라는 인물이 창시한 시크교는 이슬람교의 박해에 대항하여 일어난 힌두교의 개혁파 교단으로, 순교 의식이 투철하며 강한 단결력을 보여 준다. 우상 숭배와 카스트 제도를 부정하는 일신교로, 창조신에 대한 열광적 숭배가 특징이다. 그밖에는 힌두교의 특징을 그대로 갖고 있어 힌두교와 이슬람교가 뒤섞인 모습이며, 전 국민의 2퍼센트 정도를 차지한다.

　로마 가톨릭과 개신교 등 그리스도교는 영국 식민지 시대에 들어와 각 도시에 교회가 세워졌으며, 약 2.7퍼센트의 신도가 있다.

　기원전 5세기 전후에 일어나 브라만교, 힌두교와 함께 영향을 주고받은 자이나교와 불교는 약 0.5퍼센트, 0.7퍼센트의 인구를 차지한다. 또 이란에서 들어온 배화교와 아라비아해에 교도들이 거주하는 유대교가 있다.

어린이의 집

"아니, 이런 곳에 아이가 버려져 있다니!"

어느 날 테레사 수녀는 쓰레기 더미 속에 버려져 있는 아이를 발견했다. 쓰레기 더미 속에서 아이는 커다란 눈만 감았다 떴다 할 뿐 손가락 하나도 움직이지 못했다.

"오, 가엾은 것!"

테레사 수녀는 아이를 품에 안았다. 아이는 너무나 가벼웠다. 테레사 수녀가 그 아이를 발견하지 못했다면 아이는 그 속에서 죽었을 것임이 틀림없었다.

콜카타의 빈민가에서는 버려져 굶어 죽는 아이들이 많았다. 너무도 가난해 아이를 키울 수 없는 부모들은 어쩔 수 없이 아이들을 버리기도 했던 것이다. 버려지는 아이 중에는 갓난아기나, 장애인, 지적 장애아도 있었다.

"얘야, 네 이름이 뭐니?"

테레사 수녀는 아이에게 말을 시켜 보았다. 하지만 아이는 말할 힘조차 없는 모양이었다.

"괜찮아. 이제는 내가 너를 지켜 줄 테니까."

1955년, 테레사 수녀는 고아나 빈민가의 가난한 아이들을 돌보기 위한 어린이의 집을 세웠다.

번화가의 한가운데에 자리하고 있는 이 어린이의 집은 빈민가의 아이들에게 콜카타의 온갖 번잡함과 소음 속에서 조용하고 평화로운 피난처나 다름없었다.

어린이의 집 입구에는 빈민 어린이들을 치료하는 진료소와 부모가 없는 아이들에게 새로운 부모를 만나도록 도와주는 입양 사무실이 있었다.

그리고 안쪽에는 아이들이 지내는 방을 비롯해 많은 방이 있었다. 또 어린이들이 뛰어다니며 놀 수 있는 정원과 함께 모두 모여 식사를 할 수 있는 커다란 방도 있었다.

"땡! 땡! 땡!"

어린이의 집 식구들은 종소리와 함께 아침을 맞았다. 어린이의 집에서는 수녀들과 자원봉사자들이 머물며 질병을 앓거나 영양실조로 고생하는 어린이들을 돌보았다.

이들은 새벽 4시 30분이면 일어나 기도와 묵상과 미사로 하루를 시작했다.

'오늘 하루도 보람차게 봉사할 수 있도록 도와주십시오.'

'어떤 어려움을 만나더라도 슬기롭게 대처할 수 있는 지혜를 주십시오.'

수녀들과 봉사자들은 이렇게 매일매일 기도를 했다.

테레사 수녀가 어린이의 집을 열었다는 소문을 들은 많은 사람이 버려진 아이들을 데리고 왔다. 그중에는 길에서, 병원에서 경찰의 손에 이끌려 오는 아이들도 있었다. 또 어떤 부모는 어린이의 집 앞에 몰래 아이를 놓고 가기도 했다.

어느 날, 테레사 수녀는 거리에 버려져 있는 한 아이를 데려왔다.

앙상하게 뼈만 남은 아이에게서는 생기라곤 찾아볼 수가 없었다.

"쯧쯧, 얼마나 굶었으면 이렇게 야위었을까……. 애야, 어서 이 빵을 먹으렴."

"이거 정말 먹을 수 있는 빵이에요?"

아이는 퀭한 눈으로 테레사 수녀가 건네는 빵을 보면서 그제야 말했다.

그것이 먹을 수 있는 음식물이라는 사실이 믿기지 않는 모양이었다.

"그럼, 진짜 빵이야. 배고플 텐데 어서 먹으렴."

아이는 그제야 그 빵을 먹기 시작했다. 그런데 아주 조금 씩 떼어서 먹는 것이 아닌가! 이를 이상하게 여긴 테레사 수녀가 물었다.

"배가 많이 고플 텐데 왜 그렇게 조금씩 먹니?"

"이 빵을 다 먹고 나면 또 굶게 될 거예요. 그러니까 조금 씩 아껴서 먹어야……."

이 아이는 이미 배고픔이 어떤 것인지를 뼈저리게 경험 한 것이다.

"가엾은 것, 다 먹으면 또 줄 테니 걱정 말고 어서 먹으렴."

테레사 수녀는 아이의 머리를 쓰다듬어 주며 말했다.

어린이의 집에서는 아이들 한 사람 한 사람에게 조건 없는 사랑을 베풀었다. 그들 하나하나는 모두 이 세상에서 가장 소중한 존재인 것이다.

"아만두, 오늘은 수녀님과 함께 학교에 가자."

"학교가 뭐 하는 곳인데요?"

"친구들도 사귀고, 모르는 것을 배우기도 하는 곳이지."

어린이의 집에서는 아이들을 가르치는 일도 했다.

거리에서 데려온 아이들은 대부분 교육의 혜택을 전혀 받지 못했다. 이런 아이들에게는 우선 알파벳과 셈하는 법부터 가르쳐야 했다. 그래야만 아이들이 정규 학교에서 공부를 할 수 있었기 때문이다.

"수녀님, 공부가 참 재미있어요."

아만두와 같은 어린이들은 수녀들의 보살핌을 통해 점점 사회에 적응하게 되었다. 거리의 아이들이 어린이의 집에서 새로운 모습으로 다시 태어나는 것이다.

어린이의 집이 유명해지자 세계 각지에서 후원의 손길을

뻗쳐 오기 시작했다. 어른들은 물론이고 많은 어린이도 후원자가 되었다.

아이들은 편지와 함께 자신들의 정성을 모아 보냈다.

영국의 어린이들은 하루에 먹는 빵 중에 하나를 어린이의 집에 보냈다. 매일 빵을 하나씩 배달하는 것이 아니라 빵 한 개 살 수 있는 액수의 돈을 지속적으로 어린이의 집에 보내는 것이었다.

또한 덴마크 어린이들은 매일 우유 한 잔을 보냈고, 독일 어린이들은 비타민을 보냈다.

한번은 캐빈이라는 미국 소년이 삐뚤삐뚤한 글씨로 이렇게 편지를 써서 보냈다.

테레사 수녀님, 나는 수녀님이 참 좋아요. 수녀님은 좋은 일을 많이 하니까요. 나도 수녀님처럼 좋은 일을 하고 싶어요. 이것은 내 한 달 용돈이에요. 가난한 친구들을 위해 써 주세요. 그럼 안녕히 계세요.

-케빈-

캐빈이 보낸 편지봉투 속에는 3달러가 들어 있었다. 어린

캐빈이 용돈 3달러를 쓰지 않고 보낸 것이다.

테레사 수녀는 한 강연회에서 어떻게 가난을 함께 나눌 것인가라는 내용의 강연을 하면서 이 소년의 예를 든 적이 있다.

"그것은 아주 적은 돈이었지만, 그 무엇보다 값진 것이었답니다. 가난한 사람의 고통을 함께 나눈다는 것은 바로 이런 것이라고 생각해요. 자신이 쓰고 남은 것을 주는 것이 아니라 작은 것이라도 먼저 주는 마음, 이런 마음이 중요하지요."

어린이의 집에서는 부모 없는 아이와 아이 없는 부모가 인연을 맺을 수 있도록 서로 연결해 주기도 했다. 가정을 모르는 아이들에게 따뜻한 가정을 만들어 주는 것이다.

인도의 간디 수상은 아이가 없고, 많은 토지를 갖고 있지 않으면 어떤 가정도 아이를 데려갈 수 없도록 규정한 법률을 통과시켰다.

그래서 아이들은 경제적으로 풍요로운 가정에 입양되어 굶주리지 않고 교육을 받을 수 있게 되었다. 가장 낮은 계층인 빈민가의 아이들이 상류 계급의 가정에서 자라는 것이다. 인도의 카스트 제도에 비추어 본다면 이것은 정말 대단한 일이다.

열 살이 넘어도 입양되지 못한 아이들은 기숙사가 있는 학교에 가고 더 크면 대학에 진학하거나 직업 교육을 받아 독립을 하게 된다. 그리고 결혼 연령이 되면 지참금을 주어 결혼하는 데도 도움을 주었다.

"테레사 수녀님, 저 결혼해요."

어느 날, 구두 수선공인 비두가 테레사 수녀를 찾아왔다.

테레사 수녀는 비두를 처음 만났을 때의 일이 머릿속에 떠올랐다. 비두는 아주 어렸을 때, 길가에 버려져 있었다.

"얘야, 네 이름이 뭐니? 왜 혼자 울고 있니?"

그때 비두는 테레사 수녀의 물음에 대답할 생각은 않고 계속 울기만 했다.

"엄마가 데리러 올 거야. 꼭 올 거야."

비두는 어머니가 자기를 버렸다는 것을 인정하지 않았다. 그리고 엄마가 곧 데리러 올 것이라면서 울었다. 그 비두가 어느새 성인이 되었고, 이제 결혼한다며 인사하러 온 것이다.

"비두, 정말 축하한다."

테레사 수녀는 비두의 결혼 소식을 듣고 마치 자기 일인 양 기뻐했다.

비두는 테레사 수녀에게 말했다.

"수녀님께 제일 먼저 알려 드리고 싶었어요. 고맙습니다. 모두 수녀님 덕분이에요. 저는 나중에 아이가 태어나면요……. 여자아이가 태어나면 테레사라고 이름을 지을 거예요. 수녀님께 받은 사랑을 다른 사람들에게 전하면서 살게요. 수녀님, 약속할 수 있어요."

테레사 수녀의 눈에는 눈물이 그렁그렁 고였다. 힘들었던 시간들을 한꺼번에 보상받는 듯한 느낌이었다.

이곳에서 일하는 다른 수녀들과 봉사자들도 어린이의 집에서 돌보아 준 아이들이 성년이 되어 결혼한 다음 자신들을 키워 준 어린이의 집에 자녀들과 함께 인사하러 올 때 가장 큰 보람과 기쁨을 느꼈다.

그 무렵 콜카타 지역에는 30만 명이나 되는 나병 환자들이 살고 있었다.

"아니, 여기가 어디라고, 문둥이가! 어서 저리 가지 못해!"

사람들은 문둥병자가 거리에 나타나면 돌멩이를 던지며 쫓았다. 병이 전염될까 봐 두려웠기 때문이었다.

흔히 문둥병이라고 불리는 나병은 주로 가난한 지역에서 많이 발생하는데, 인도도 예외는 아니었다.

이 병은 나균 때문에 생기는 전염병으로, 몸이 썩어 들어가면서 일그러지고 진물이 나오는 아주 무서운 병이다. 초기에 발견하여 치료하면 2년 안에 완치될 수 있는 병이지만 시기를 놓치면 완치되는 데 오랜 시간이 걸린다.

그러나 가난한 사람들은 몸에 이상이 생겨도 병원에 갈 돈이 없어 그대로 놔두고 저절로 낫기를 바라는 것이 보통이었다.

"별일이야 있겠어! 나중에 돈이 생기면 병원에 가지, 뭐."

그러다 시일이 지나면 눈에 띄게 일그러진 자기 모습을 발견하고 놀라는 것이다.

"아니, 내 몸이 왜 이러지?"

하지만 때는 이미 늦은 것이다. 그리고 나병 환자라는 사실이 밝혀지면 사회로부터 차가운 눈총을 받게 된다.

"저 사람 나병에 걸렸대요. 전염되는 거 아니에요?"

"그렇대요. 어떻게 하죠?"

"어떻게 하기는 뭘 어떻게 해! 동네에서 내쫓아야지."

나병은 공기로 전염되는 병이기 때문에 나병 환자와 오랫동안 접촉을 해야만 걸리고, 병균이 들어와도 견딜 수 있을 만큼 몸이 건강한 사람들은 감염되지 않는다.

하지만 사람들은 무조건 그들을 따돌리거나 피했다. 이 것은 나병 환자들에게 가장 큰 고통이었다.

사람들의 차가운 시선으로 말미암아 나병 환자들은 자신들의 일그러진 모습을 보며 괴로워할 뿐만 아니라 마음의 상처를 받고 더욱더 절망하였다.

그리고 급기야 가정과 일터에서 버림을 받고 자기가 살던 고향을 버린 채 아는 사람 하나 없는 곳에 몰래 찾아가 길거리에서 구걸하며 살거나 같은 처지의 환자끼리 모여 숨어 살아야 했다.

이런 수많은 나병 환자들을 보며 안타까움을 느꼈던 테레사 수녀는 1957년에 나병 환자를 위한 진료소를 차렸다.

"나병은 꾸준히 치료하면 나을 수 있는 병입니다. 너무 두려워하지 마세요."

테레사 수녀는 그들의 상처에 약을 발라 주며 나환자들에게 희망을 주려고 노력했다. 또한 나환자를 위한 모금함을 콜카타 전역에 설치해 놓고 기금도 모았다.

이런 테레사 수녀와 사랑의 선교회 수녀들의 정성으로 1959년에는 델리에 나병 환자들을 위한 휴양의 집을 마련할 수 있었다.

좀 더 많은 나병 환자들이 더 좋은 여건에서 치료를 받을 수 있게 된 것이다.

1964년, 교황 바오로 6세가 인도를 방문하였다.

교황은 인도의 여러 곳을 돌아본 뒤 1963년 뭄바이에 문을 연 사랑의 선교회 분원을 찾았다.

"테레사 수녀!"

"교황님, 잘 오셨습니다."

"얘기는 많이 들었소. 인도의 빈민들을 위해 일하고 계신다고요. 여기 계신 분들이 사랑으로 일하는 모습을 보고 싶어 이렇게 왔소."

"네, 이곳이 빈민과 병자들을 치료하고 돌보는 집입니다."

교황은 수녀들과 봉사자들이 빈민들과 병자들을 위해 일

하는 모습을 둘러보았다.

"참으로 예수님 뜻에 맞는 일을 하고 계십니다. 테레사 수녀, 모든 사람에게 어머니나 마찬가지인 당신을 마더 테레사라 부르고 싶군요."

그러자 사람들은 그때부터 테레사 수녀를 마더 테레사라고 불렀다.

"앞으로도 좋은 일 많이 하십시오."

교황 바오로 6세는 이렇게 말하면서 흰색 자동차 한 대를 테레사 수녀에게 주었다. 인도의 여러 곳을 다닐 때 탔던 교황 전용차를 테레사 수녀에게 기증한 것이다.

'교황님이 주신 이 차를 보람된 일에 써야 할 텐데. 어떻게 하는 것이 좋을까?'

테레사 수녀는 곰곰이 생각했다.

'음, 그래! 이 차를 팔아서 그 돈으로 나병 환자들의 재활촌을 만드는 거야. 그들이 함께 일도 하고 치료도 할 수 있는 그들만의 삶의 터전이 필요해.'

나환자들은 일반인들이 미워하고 두려워했기 때문에 함께 어울려 평범하게 살 수 없었다. 그래서 자급자족하며 살수 있는 그들만의 공간이 절실했다.

테레사 수녀는 즉시 자동차를 경매에 부쳤다.

"소문 들었나?"

"소문이라니? 무슨 소문?"

"테레사 수녀가 교황 바오로 6세가 타던 차를 경매에 부치기로 했대. 그 돈으로 나환자를 위한 재활촌을 건설한다고 하던데.”

“그게 정말이야?”

“정말이라니까. 자네는 속고만 살았나!”

경매는 수많은 사람들의 관심 속에 열려 교황 바오로 6세의 차는 엄청난 값에 팔렸다.

테레사 수녀는 이 돈에 정부의 보조금을 보태서 나환자 재활촌을 지을 만한 땅을 샀다.

“테레사 수녀님이 나환자 재활촌을 세우려고 하신대.”

“우리도 가서 돕자.”

소문을 들은 나환자들이 하나둘 찾아오기 시작했다. 그리고 힘을 합해 일한 결과 1969년, 서벵골주 아산솔에 나환자 재활촌을 건립하기에 이르렀다.

“여기 모인 사람들 모두에게 늘 평화가 깃들길 바라는 의미에서 이곳을 평화의 마을이라 부르는 게 어떨까요?”

테레사 수녀는 나병 환자들과 수녀들, 봉사자들 그리고 의사들이 모두 모인 자리에서 이렇게 말했다.

“평화의 마을이라고요?”

“그거 아주 좋은데요.”

이렇게 해서 나환자 재활촌은 평화의 마을이라는 이름을 갖게 되었다.

나환자들은 더 이상 숨어 살지 않아도 되었다. 또한 더 이상 남의 눈을 피해 살 필요가 없었다.

평화의 마을 안에는 없는 것이 없었다. 작업장, 기숙사, 진료소, 병원, 학교, 보육원, 가족들을 위한 집 등 필요한 모든 시설이 갖추어져 있었다.

많은 수녀들과 봉사자들, 의사들이 이곳에서 정성껏 환자들을 치료하고 교육했다.

환자들은 주사 놓는 방법이나 붕대 매는 법 등 간단한 치료법을 배워 다른 환자들을 돌보기도 했다.

"자, 이제 가르쳐 주신 대로 붕대를 맸어요. 이렇게 하는 게 맞나요?"

"네, 맞아요. 아주 잘했어요."

그들은 함께 지내며 서로 붕대를 매어 주는 등 서로의 손발이 되고자 노력했다.

누구보다도 환자인 자신들이 서로의 고통과 어려움을 잘 이해하고 있기 때문이었다.

또 일반인이 순간적으로 감염되는 것을 방지하기 위한 한 방법이기도 했다.

그들은 이렇게 치료를 받는 한편 일을 하여 자급자족을 하였다.

작은 농장에 염소, 돼지, 거위 등의 가축을 키웠으며 채소도 직접 가꾸어 먹었다.

"가축들이 아무 탈 없이 잘 크고 있나요?"

"네, 아주 잘 크고 있습니다. 테레사 수녀님!"

"그래요? 그것참 다행이군요. 오다 보니 밭에 채소들도 아주 잘 자라고 있더군요."

가축을 기르거나 농사를 짓는 일 외에도 수직기를 가지고 사리를 만들고 또 어떤 사람들은 목수, 구두 수선공, 건축가가 되기 위해 기술을 익혔다.

'병이 나아서 사회에 나가면 나는 이 일을 할 거야.'

병이 나으면 사회에 나가 일할 수 있다는 사실이 그들의 마음을 한없이 설레게 했다.

또한 자신들이 사회에서 할 수 있는 일이 있다는 사실만으로도 환자들은 자신감을 서서히 회복하게 되었다.

"으앙, 으앙."

어느 날, 한 나환자 부부 사이에 아기가 태어났다.

아기는 다행스럽게도 보통 사람들처럼 깨끗한 피부로 건강하게 태어났다.

"축하해요, 정말 예쁜 아기를 얻었군요."

테레사 수녀는 아기를 안아 들며 말했다.

"감사합니다. 테레사 수녀님! 이게 모두 수녀님께서 보살펴 주신 덕분이에요."

나환자 부부는 진심으로 감사를 표했다. 산모는 천사 같은 아기의 얼굴을 바라보았다. 그러다 자기도 모르게 아기의 작은 손을 만지려고 하다 깜짝 놀라 손을 거두었다.

나환자인 부모가 아기를 보는 것은 괜찮지만 만지는 것은 금지되어 있었다. 갓 태어난 아기는 면역성이 아주 약해 감염되기 쉽기 때문이다.

테레사 수녀는 이런 광경을 여러 차례 봐 왔다.

어떤 부부는 태어난 아기를 사흘 동안이나 그들 사이에 눕혀 놓고 아기의 볼을 만지려다 다시 거두거나 아기에게 입 맞추려다 고개를 돌리기도 했다.

그 부부는 테레사 수녀가 아기를 보육원으로 데리고 갈 때도 집 밖에 나와서 한참을 바라봤다.

부모로서 아기를 곁에 두지 못하는 그들의 고통은 말로 표현할 수 없을 정도로 컸지만, 아기에 대한 사랑이 더욱 크기에 아기를 보육원으로 보낼 수 있었던 것이다.

"자, 이 아기는 보육원에서 맡아 훌륭하게 키울 테니까 걱정하지 말아요."

테레사 수녀는 짐짓 안타까운 마음을 감추며 밝은 목소리로 말했다.

평화의 마을의 보육원에서는 수녀들의 보살핌 속에 나병 환자들의 자녀들이 자라고 있었다.

환자들은 평화의 마을에서 살며 수녀들의 따뜻한 사랑 속에서 아이들을 키울 수 있다는 것만으로도 고마워했다.

그들의 힘만으로 살아야 했다면 아이를 낳을 엄두도 내지 못했을 것이기 때문이다.

테레사 수녀는 이곳 평화의 마을 외에도 인도 정부와 많은 사람들의 도움을 받아 여러 곳에 나환자들을 위한 재활촌을 건설하였다.

역사 속으로

한센병(나병)

나병은 나균에 의해 전염되는 피부과 영역의 질환이다. 우리나라 전통 한의학에서는 가라 또는 풍병, 대풍라라고 알려졌으며 민간에서는 문둥병, 천형병(하늘이 내린 병)이란 이름으로 불렸다.

1871년 노르웨이 의사 아르마우어 한센이 나환자의 결절 조직에서 결핵균 비슷한 세균이 모여 있는 것을 발견하여 국제적으로 알려졌는데, 의사들은 그의 업적을 인정하여 한센병이라고 부르기도 한다.

주로 호흡기 계통을 통하여 전염되는 것으로 보이지만 건강한 일반인은 면역계에 저항력을 갖고 있어 전염성이 높지는 않다.

환자의 나균이 퍼지는 병의 진행을 막지 않으면 얼굴과 팔다리 등이 불구가 될 수도 있지만 목숨을 잃는 경우는 드물다.

환자의 면역 반응에 따라 다양한 증상을 보이는데 단순히 피부 색소 이상으로 저절로 낫는 경우에서부터 반점이나 피부 증

상이 신경, 눈, 뼈, 기타 장기에까지 광범위하게 퍼져 신체의 기형과 기능 장애를 가져온다. 전신에 피부가 문드러져 진물이 나오고 발진이 나타나며 신경이 마비되고, 감각이 소실되어 손발가락이 쉽게 절단된다.

역사가 오래된 질병 중 하나로, 기원전 600년경 인도에서 기록을 찾아볼 수 있으며, 성서에도 기록되어 있다.

1997년 말 우리나라에는 약 2만여 명의 환자가 있다는 통계청 기록이 있으며, 세계적으로 아시아와 아프리카, 중부 아메리카의 열대, 아열대 지역에서 많이 발견된다.

예수 그리스도의 대리자

교황은 로마 교황청의 최고 성직자이며 전세계 가톨릭교의 수장이다. 현재 로마 교황인 프란치스코는 2013년 3월 266대 교황으로 선출되었다. 초기 그리스도교에서는 열두 사도 중 우두머리인 베드로의 후계자로서, 로마의 주교를 말했으며, 따라서

그 지방의 성직자나 신도들이 모여 선출했다고 한다.

하지만 교황이 예수 그리스도의 대리자이며 전체 교회를 대표하는 위치의 의미가 강해지고 영향력이 커짐에 따라 4세기경부터 외부 세력, 즉 로마의 황제나 귀족, 주변 독일 등의 황제 등이 교황 선출에 영향력을 행사하거나 승인권을 요구하게 되었다.

이렇게 교회 외부에서 선거에 관여하거나 승인권을 가진 시기를 거쳐 1059년에는 교황 선거를 추기경과 주교에 국한시켜 비밀 장소에서 진행하였다.

또 16세기 이래 교황의 국적을 이탈리아 출신으로만 한정해 왔으나 264대 교황인 바오로 2세는 폴란드, 그리고 265대 교황 베네딕토 16세는 독일인, 현 교황 프란치스코는 아르헨티나이다.

오늘날에는 전 교황이 서거한 뒤 15~20일 이내에 추기경들이 시스티나 성당에 모여 비밀 투표를 통해 선출하는데, 이 선거를 콘클라베라고 한다.

끝없는 사랑의 손길

1950년 콜카타에서 처음 시작한 사랑의 선교회는 10년이 흐른 1960년까지 인도의 20여 곳에 사랑의 선교회 분원을 열었다. 그뿐만 아니라 1965년에는 베네수엘라의 코코로트에 문을 열어 해외에도 사랑의 손길을 뻗치기 시작했다.

한편 테레사 수녀는 1966년에는 앤드루 수사를 지도자로 하여 사랑의 선교회 남자 수도회를 창립하였다.

수사들이 하는 일은 수녀들과 다를 게 없었다. 수사들은 죽음을 기다리는 집에서 수녀들과 함께 환자들을 돌보거나 빈민들을 위해 일했다.

이 수도회는 콜카타, 티타가르, 누르푸르, 미드나포레, 보카로 등 여러 곳에 분원을 열었다.

또 1974년엔 인도 정부의 허가를 받아 철도 쓰레기장으로 쓰이던 터에 나환자 재활촌을 세웠다.

처음엔 작은 오두막집 한 채뿐이었으나 점점 커져 초록, 빨강, 파랑 등 예쁜 색깔의 작업장과 기숙사, 진료소, 병원, 학교 등이 들어섰다. 그곳에서 수사들은 한 달에 1천4백 명의 나환자들을 치료했으며, 환자들은 치료를 받는 동시에 일을 하면서 자립하였다.

그리고 1975년에는 베트남에 처음으로 사랑의 선교회 남자 수도회의 분원을 열었다.

테레사 수녀가 세운 사랑의 선교회가 점점 더 많은 사람들에게 알려지자 인도뿐만 아니라 해외에서도 테레사 수녀와 함께 사랑을 실천하고 싶다며 사랑의 선교회를 찾는 사람들의 수가 점점 더 많아졌다.

지원자들은 피부색도 다르고 언어도 달랐다.

그들 중에는 수녀가 되고 싶어 하는 사람도 있었고, 자원 봉사를 원하는 사람도 있었다.

어느 날, 어린 인도 소녀가 찾아왔다.

"테레사 수녀님, 수녀가 되고 싶어 왔습니다."

"수녀가 되기는 그리 쉽지 않아요. 오랫동안 많은 어려움을 견뎌야 해요."

"제가 어떻게 하면 되나요?"

"우선 수녀들과 함께 사랑의 선교회가 하는 일을 직접 체험하는 6개월의 지원기를 보내야 하지요. 이 기간에는 우리의 공용어인 영어도 배워야 하고요."

"수녀님, 무엇이든 열심히 할게요."

"그 뒤에도 1년간의 청원기와 2년간의 수련기를 보내야 합니다."

"청원기에는 뭘 하게 되죠?"

"신학, 성서, 수련원 규칙을 배우게 되지요."

청원기를 마치고 수련기에 들어가면 지원자들은 콜카타, 로마, 마닐라, 샌프란시스코, 폴란드 등지에서 지내게 된다. 이 모든 과정이 끝난 후에는 유기 서원기 5년, 제삼 수

련기 1년을 거치게 된다. 그리고 마지막으로 사랑의 선교
회에 머물지 떠날지를 결정하게 된다.

"아무나 사랑의 선교회 수녀님이 되는 게 아니군요. 도중
에 그만둔 사람은 없었나요?"

테레사 수녀의 설명을 모두 듣고 난 소녀가 물었다.

"그만둔 사람들도 있지요. 하지만 손가락에 꼽을 정도로

아주 적지요."

"테레사 수녀님, 힘들겠지만 저도 하고 싶어요."

소녀는 까만 눈을 빛내며 간청했다.

"음, 그래요. 그렇다면 가난한 사람들을 진정으로 이해하고 그들을 받아들이기 위해서 일단 자신을 버려야 한다는 것을 항상 잊지 말고 가슴에 간직하세요."

테레사 수녀는 당부의 말을 잊지 않았다.

가난한 사람들을 진정으로 이해하기 위해서 그들을 위해 일하는 수녀들도 똑같이 가난해야 한다는 것이 테레사 수녀의 생각이었다.

그래서 수녀들이 가진 것이라곤 사리 두 벌뿐이었다. 한 벌을 입고 있는 동안 한 벌은 빨아야 했기 때문이다.

그들은 식사도 일을 하는 데 무리가 없을 만큼의 영양만 섭취할 정도로 검소하게 했다. 여행할 때도 걷거나 가장 값싼 기차를 타는 것이 보통이었다.

수녀 지망생뿐만 아니라 수많은 자원봉사자들의 사랑의 손길도 줄을 이었다.

전세계에서 몰려온 다양한 인종의 자원봉사자들 가운데

에는 종교가 없는 사람도 있고, 가톨릭이 아닌 다른 종교를 가진 사람들도 있었다. 이들에게 같은 점이 있다면 아무런 대가를 바라지 않고 가난한 사람들과 병자들 그리고 부모 없는 어린이들을 위해 일하고자 하는 아름다운 마음씨였다.

"페니, 오늘 떠난다죠?"

테레사 수녀가 콜카타에서 봉사 활동을 마치고 자신의 나라로 돌아가는 페니에게 물었다.

"네, 테레사 수녀님. 이곳에서의 경험은 저의 인생에 정말 큰 가르침을 주었습니다. 고맙습니다."

"우리가 고마워해야지요."

테레사 수녀가 웃으며 말했다.

"아니에요, 수녀님. 많은 것을 가르쳐 주셨으니 너무너무 감사드려요. 수녀님들이 길거리에서 데려온 뼈만 남은 한 여자를 씻어 주라고 했을 때 저는 어떻게 해야 할지 몰라 울기만 했지요. 도저히 그 일을 할 수 없었어요. 하지만 수녀님들의 정성스러운 손길을 보면서 차츰 저도 할 수 있었습니다. 저는 이곳에서 일하면서 사랑을 실천하는 삶이 얼마나 아름다운지 가슴 깊이 느꼈습니다. 꼭 다시 오겠습니다."

페니는 한 마디 한 마디 힘주어 말했다. 그러자 테레사 수녀는 페니의 손을 잡으며 이렇게 말했다.

"페니, 다시 오지 않아도 돼요. 당신이 살고 있는 곳에서도 할 일이 많을 거예요. 그곳에서 당신이 봉사할 수 있는 일을 찾아보세요."

이처럼 사랑의 선교회를 찾아가 직접 힘든 일을 도와주는 자원봉사자들 이외에도 뒤에서 후원하는 후원회도 있었다.

이 후원회는 영국의 앤 블라이키 부인이 중심이 되어 창립되었는데, 정기적으로 모임을 하고 사랑의 선교회를 위해서 기도한다.

그리고 붕대와 옷, 의료 기구 외에도 어린이의 집 아이들에게 필요한 것 등 많은 것들을 마련해 주었다.

후원회는 약 4만 명의 일반인들로 구성되어 있는데 영국에 1만 4천 명, 미국에 6천 명, 프랑스, 벨기에, 오스트리아, 스웨덴, 이탈리아, 오스트레일리아, 에스파냐 외에도 여러 나라에 수많은 회원이 있다.

이런 많은 사람들의 도움으로 사랑의 선교회는 인도 외에도 로마와 탄자니아, 오스트레일리아 등 더 많은 지역에 분원을 마련할 수 있었고, 죽음을 기다리는 집, 어린이의 집, 나환자 재활촌 등 여러 구호 기관들도 많은 곳에 세울 수 있었다.

콜카타의 빈민촌에 홀로 빈손으로 들어가 가난한 사람들을 위해 오직 사랑으로 일하며 가꾼 테레사 수녀의 사랑 나무가 풍성한 열매를 맺은 것이다.

그리고 그 사랑의 열매는 점점 더 많은 곳에 달콤한 사랑의 향기를 내뿜기 시작했다.

사랑의 선교회가 이렇게 많은 일을 하게 됨에 따라 테레사 수녀는 더욱더 바빠졌다.

이렇게 바쁜 와중에도 테레사 수녀는 사랑의 손길이 급히 필요한 곳이라면 인도뿐만 아니라 세계 어디든지 달려갔다.

1971년, 파키스탄에서 내전이 일어나자, 전쟁을 피해 50만 명이나 되는 난민들이 콜카타 변두리로 모여들었다. 테레사 수녀는 즉시 이들을 도와주었다.

한편, 1976년에는 지진이 일어나 큰 피해를 본 과테말라에 가서 재난을 입은 사람들을 보살폈다.

이러한 테레사 수녀의 사랑과 봉사가 전세계에 알려져 테레사 수녀는 1971년에는 교황 요한 23세 평화상을 수상하였으며, 1979년 12월에는 노벨 평화상을 수상하였다.

이 소식을 들은 인도 정부가 대대적으로 축하연을 준비하자 테레사 수녀는 축하연에 쓸 비용을 가난한 사람들을 위해 쓰자고 간청했다. 그리고 상금으로 받은 19만 달러도 나환자를 위한 병원을 세우는 데 썼다.

1985년, 테레사 수녀는 뉴욕에 에이즈 환자의 집을 열었다. 후천성 면역 결핍증이라고도 불리는 에이즈는 면역력이 저하되어 신체가 병원체에 대항할 힘이 없어지는 병이다.

에이즈는 수혈이나 그 밖의 경로를 통해 감염되는데, 사람들은 감염이 될까 두려워 무조건 에이즈 환자들을 피했기 때문에 환자들은 심한 외로움과 소외감을 느껴야 했다.

테레사 수녀는 예전에 모든 사람들로부터 손가락질받는 나병 환자들을 위해 일했듯이 아무도 보살펴 주지 않으려는 이러한 에이즈 환자들을 위해 에이즈 환자의 집을 세운

것이다.

"테레사 수녀님, 수녀님이 생각하는 가난한 사람들이란 어떤 사람들인가요?"

테레사 수녀는 한 모임에서 이런 질문을 받은 적이 있다. 그때 테레사 수녀는 이렇게 말했다.

"저는 물질적으로 부족한 것만을 가난이라고 생각하지 않습니다. 먹을 것이 없어 굶주린 사람뿐만 아니라 누구도 가까이하지 않으려 하는 사람, 삶의 희망을 잃어버린 사람도 가난한 사람입니다. 그 누구도 자신을 원하지 않을 때 느끼는 외로움은 무서운 배고픔입니다. 사랑에 굶주려 배고픈 사람도 많다는 것이지요."

이러한 생각이 있었기 때문에 아무도 보살펴 주지 않는 가난한 에이즈 환자들을 위한 집을 세운 것이다.

병동에는 많은 환자들이 들어왔다. 초기 증상을 보이는 사람들에서부터 죽기 일보 직전의 사람들도 있었다. 수녀들과 자원봉사자들은 이들을 사랑으로 돌보았다. 그래서 아주 절망적인 상태로 들어왔던 환자들도 보살핌을 받고는 마음의 평화를 되찾곤 했다.

"수녀님, 정말 고마워요. 마지막까지 함께 해 주셔서요."

마음의 평화를 얻은 환자들은 평화롭게 죽음을 맞이하였다.

사랑의 선교회는 그 뒤에도 스페인, 포르투갈, 브라질, 인도의 뭄바이 등 여러 곳에 에이즈 환자의 집을 열었다.

1996년 11월 말, 테레사 수녀는 심장 마비로 콜카타의 한 병원에 입원했다.

심장병으로 병원에 입원한 것이 처음은 아니었다. 지난 1983년 교황 요한 바오로 2세를 만나기 위해 로마를 방문하던 중 처음 심장병이 발병한 이후 1991년과 1993년 동맥 이상으로 이미 두 차례의 수술을 받기도 했다.

그런데 이번엔 더욱더 위독했다.

"테레사 수녀님, 즉시 수술을 받으셔야 합니다."

의사는 테레사 수녀에게 간곡하게 수술을 권고했다. 하지만 테레사 수녀는 치료를 거부했다.

"저는 이제 하느님의 곁으로 갈 나이가 되었어요. 평생 병원 구경 한 번 못 하고 죽어 가는 사람들도 많습니다. 저를 그냥 죽게 내버려두십시오."

키 150센티미터가 될까 말까 한 왜소한 체격의 테레사 수녀가 말했다.

삶의 마지막 순간이 닥치면 누구나 좀 더 살려고 몸부림치게 마련인데 테레사 수녀는 예전에 버림받은 채 죽어 갔던 수많은 가난한 보통 사람들처럼 수술을 받지 않고 죽겠다는 것이었다.

그러나 수술은 강행되었다.

이 소식을 들은 수백 명의 수녀와 빈민 외에도 수많은 사람들이 콜카타의 사랑의 선교회 본원 앞으로 모여들었다.

그들 중에는 힌두교도, 이슬람교도, 시크교도 등 종교가 다른 사람들도 있었다.

그들은 모두 함께 테레사 수녀의 쾌유를 비는 기도를 드렸다. 종교를 초월하여 한 사람을 위한 기도를 드리는 광경은 정말 장엄하였다.

많은 사람들의 기도 덕분인지 테레사 수녀의 수술은 성공적으로 끝났다. 모두 안도의 한숨을 쉬었다.

그러나 얼마 후, 폐렴과 말라리아 합병 증세까지 나타나 침대와 휠체어 신세를 져야 했다.

그래서 테레사 수녀는 1997년 3월 13일 사랑의 선교회 수녀 회장직을 사임했다.

테레사 수녀의 후임자로는 프레드릭 수녀, 조세프 미카엘 수녀, 마리아 니르말라 수녀 등이 후보자로 올랐는데 63세의 마리아 니르말라 수녀가 선출되었다.

테레사 수녀는 새로 사랑의 선교회 수녀회장이 된 니르말라 수녀에 대해 이렇게 말했다.

"니르말라 수녀는 만장일치로 선교회를 이끌 사람으로 뽑혔습니다. 니르말라 수녀의 부드러운 말씨 속에는 강인함이 숨어 있지요. 사랑의 선교회를 잘 끌어 나가리라 믿습니다."

이제 평신도가 된 테레사 수녀는 건강이 다소 회복되자 5월에 로마를 방문하여 교황 요한 바오로 2세를 만나고, 폴란드를 거쳐 워싱턴과 뉴욕도 방문하였다.

그 뒤, 인도의 콜카타로 돌아온 테레사 수녀는 에이즈 환자를 위한 봉사 활동을 하며 사랑의 실천을 멈추지 않았다.

그러나 9월 5일, 테레사 수녀는 몸으로 실천하던 사랑을 멈추어야 했다.

현지 시각 오후 9시 30분 지병인 심장 질환으로 숨을 거둔 것이다.

테레사 수녀의 사망 소식을 듣고 유해가 안치된 사랑의 선교회 본부 수녀의 집 앞에 6일 새벽부터 모여든 콜카타의 시민 수천 명은 이슬비가 오는 데도 아랑곳하지 않고 테레사 수녀의 죽음을 슬퍼하며 통곡했다.

테레사 수녀의 사망 소식은 곧 전세계에 전해졌다.

소식을 들은 교황 요한 바오로 2세는 "매우 슬프다."고 애도했으며, 자크 시라크 프랑스 대통령 등 각국의 국가 원수들도 애도의 뜻을 표했다.

테레사 수녀의 출신인 알바니아에서는 교회와 가정에 테레사 수녀를 위한 촛불을 밝히고 명복을 빌었다.

수많은 인도인은 꽃을 들고 테레사 수녀의 마지막 모습을 보기 위해 사랑의 선교회로 모여들었다. 끝없이 몰려드는 애도의 인파를 수용할 수 없게 된 사랑의 선교회는 7일 테레사 수녀의 시신을 콜카타의 중심가에 있는 성 토머스 성당으로 옮겨 유리관 속에 안치했다.

이후로도 테레사 수녀에게 꽃을 바치기 위해 몰려드는

추모의 발길은 끊이지 않았다.

"흑흑, 우리 모두를 고아로 만들고 떠나시다니……."

"평생을 가난한 사람들을 위해 일한 천사 같은 분이셨어."

"제가 태어난 지 10일 됐을 때 테레사 수녀님이 오셔서 제 머리를 쓰다듬어 주셨대요. 그분의 모습을 이제 다시는 볼 수 없다니……."

콜카타 시민들은 만나기만 하면 테레사 수녀에 대한 추억을 떠올리며 그녀의 죽음을 슬퍼했다.

1주일의 추모 기간이 지난 9월 13일, 전세계인의 애도 속에 콜카타의 네타지 경기장에서 테레사 수녀의 장례식이 인도의 국장으로 엄숙히 거행되었다.

장례식에는 종교와 국적을 초월하여 전세계 23개국 3백여 명의 조문 사절과 테레사 수녀가 생전에 돌보았던 빈민 6천여 명이 참석했다.

교황청 대표인 안젤로 소다노 추기경은 이렇게 추모했다.

"테레사 수녀는 고통받고 죽어 가는 많은 사람들에게 따뜻한 사랑을 베풀고 상처를 씻어 주었으며 아픔을 덜어 주었습니다."

한편, 이슬람교, 힌두교 등 여러 종교 단체의 대표들도 종교를 초월해 한 목소리로 테레사 수녀의 죽음을 애도했다.

장례식이 끝나자 테레사 수녀의 유해는 사랑의 선교회 본부가 있는 수녀의 집으로 향했다. 길가에는 150여만 명이 몰려 길바닥에 꽃을 뿌리며 가난한 사람들의 어머니 테레사 수녀에게 마지막 이별을 고했다.

테레사 수녀의 유해는 영원히 수녀의 집에 남아 빈민들의 나무 역할을 하고 싶다는 테레사 수녀의 생전 희망에 따라 수녀의 집에 묻혔다.

살아 있는 동안에도 성녀로 추앙을 받은 테레사 수녀는 영원히 빈민과 성자들의 곁에 머무르게 되었다.

테레사의 생애

옛 유고슬라비아의 스코페에서 태어난 테레사 수녀는 18세에 조국을 떠나 인도로 갔다. 그 후 로레토 수녀회에서 교사로 일하다 빈민가로 들어간 그녀는 1950년, 사랑의 선교회를 세웠다. 항상 가난에서 멀어지는 것에 대해 두려워했던 테레사 수녀는 87세를 일기로 영원히 잠들 때까지 가난하고 소외된 사람들 곁을 떠나지 않았다.

테레사

(Teresa 1910~1997)

1910년
8월 26일, 옛 유고슬라비아(현재 마케도니아)의 스코페
에서 알바니아계 부모에게서 태어났다. 본명은 아그네스 곤자
보야주이다.

1928년
10월, 아일랜드의 더블린으로 가서 로레토 수녀회에 입회하였
다. 이듬해 1월에는 인도의 다르질링에서 수련하다가 로레토 수
녀회가 운영하는 성 마리아 고등학교에서 20여 년간 지리 교
사와 교장으로 일하였으며, 1931년 5월에 로레토 수녀로서 서
원하였다.

1948년
로레토 수녀회와 학교를 떠나 파트나 의료 선교원에서 간호학
과 응급 처치법을 배운 뒤 콜카타의 빈민가로 들어가 학교를 세
워 빈민가의 아이들을 가르쳤다. 1949년에는 인도의 시민권을
얻었다.

1950년
콜카타 가톨릭교회의 인가를 받아 사랑의 선교회를 세웠으
며, 1952년 8월에는 첫 번째 '죽음을 기다리는 집'을 콜카타에
세웠다. 또한 나병 환자들을 위해 1957년에는 진료소를 차렸으
며, 1959년에는 델리에 휴양의 집을 열었다.

1965년
해외에서는 처음으로 베네수엘라의 코코로트에 사랑의 선교회 분원을 열고 7월에 베네수엘라를 방문하였다. 1966년에는 앤드루 수사를 지도자로 하여 사랑의 선교회 남자 수도회를 창립하였다.

1968년
서벵골주 아산솔에 나환자 재활촌인 평화의 마을을 세웠으며, 로마와 탄자니아에 분원을 열었다. 1971년에 교황 요한 23세 평화상을 수상하였다.

1979년
12월 10일, 69세의 나이에 노벨 평화상을 수상하였으며, 1981년 5월 5일부터 7일까지 한국에 다녀갔다. 1985년에는 뉴욕에 에이즈 환자를 위한 집을 열었으며, 1991년엔 고향인 스코페 부근 티라나에 사랑의 선교회 분원을 열었다.

1996년
8월부터 12월까지 심장과 폐질환으로 여러 차례 생명의 위기를 넘겼으며, 수술 후 어느 정도 건강을 회복하였다.

1997년
3월 13일, 수녀회 회장직을 사임하고 평신도로 돌아가 에이즈 환자들을 위한 봉사 활동을 하다 지병인 심장 질환으로 9월 5일, 인도 콜카타에서 87세를 일기로 삶을 마감했다.